D1149635

L'ATTACHEMENT

Du même auteur :

Sommes, éditions de l'Hexagone, 1989
L'Omis, éditions Champ Vallon, 1989
Théâtre d'air suivi de *L'Avéré*, VLB éditeur, 1989
Chutes : la littérature et ses fins, éditions de l'Hexagone
Rehauts suivi de *Voire*, éditions Noesis, 1992
Fonds suivi de *Faix*, éditions de l'Hexagone, 1992
Voir et savoir : la perception des univers du discours,
éditions Balzac, 1992
L'Attrait, éditions de L'instant même, 1994
Vita chiara, villa oscura, éditions du Noroît, 1994

PIERRE OUELLET

L'attachement

roman

L'instant même

Maquette de la couverture : Anne-Marie Guérineau

Illustration de la couverture : Christine Palmiéri
Tête en bas, 1986 (225 cm/132 cm)
Acrylique, fusain, sanguine, pastels, kraft sur toile

Photographie : Guy L'Heureux

Photocomposition : Imprimerie d'édition Marquis

Distribution pour le Québec : Diffusion Dimedia
539, boulevard Lebeau
Saint-Laurent (Québec)
H4N 1S2

© *Les éditions de L'instant même*
865, avenue Moncton
Québec (Québec)
G1S 2Y4
Dépôt légal — 1ᵉʳ trimestre 1995

Données de catalogage avant publication (Canada)

Ouellet, Pierre, 1950-
　L'attachement, roman
　ISBN 2-921197-56-1
　I. Titre.

PS8579.U383A87 1995　　　　C843'.54　　　　C95-940197-0
PS9579.U383A87 1995
PQ3919.2.093A87 1995

Les éditions de L'instant même bénéficient du soutien financier du Conseil des Arts du Canada et du ministère de la Culture et des Communications du Québec pour leur programme de publication.

Quelqu'un vient de retirer tout ce qu'il a dit avec une douceur terrible.

Il s'essuyait constamment les pieds — partout et sous tous les prétextes — en répétant à ses amis : il faut avoir le moins de passé possible.

Georges Henein

IL TROUVERA une chambre aux limites de la ville, vers le nord, sur les bords de la Vive. Quelques hôtels, du temps où Ixe attirait encore les vacanciers sur les berges de son fleuve, restent ouverts à l'année. Ici, près de la gare, tout est complet. Ville de transit, Ixe est un carrefour, nœud de correspondances vers la métropole, les capitales étrangères. Chaque nuit, des centaines de voyageurs attendent un train qui, tôt le matin, effleure la ville d'un geste furtif, les prend promptement dans sa main, aussitôt refermée. C'est un raz de rapides. Dès l'aube, chaque vague emporte sa part de noyés, rejetés quelques jours plus tard sur le même rivage — marée des voyages : ressac des trains sur les mêmes épaves, remises à flot, sitôt en rade. Les week-ends, surtout, la ville regorge de ces habitants d'une seule nuit, qui louent une chambre pour abriter leur attente : ils dorment habillés dans des lits jamais défaits.

La Vive est à vingt minutes du centre : il n'aura qu'à fixer le nord, franchir la vieille ville, que ses rues étroites, sinueuses, nouent sur elle-même serrée, ou la contourner par les boulevards. Non, à cette heure-ci, il n'y a plus de taxi — la place est vide, les rues autour : désertes. Il remercie quand même, reprend sa valise — qu'il traîne, autre pas à côté du sien, soulevé de peine et de misère, quand tout, en lui, demande à s'étendre, à se coucher, à se glisser entre les draps de la rue. Il prend par la ville : son sens de l'orientation le gardera de se perdre. Dès la Vive en vue, il n'aura qu'à la suivre : jusqu'à la sortie d'Ixe. Frapper à la porte, saluer l'hôtelier, signer le registre, répondre que oui, c'est un nom étranger, rare ici, et que tout le monde déforme, l'épeler, le répéter, prendre la clef, monter jusqu'au troisième palier. La valise ancre le bras dans le pas. Tirée par tous les nerfs du corps, tous les muscles morts. Attachée au bout des os, directement, où se concentre le poids de la force morte, de la vie tombée au fond des membres, lourde d'élans cassés, bras et jambes mis aux fers... Il n'en est pas là : la route ne s'achève pas. On n'est pas au bout de ses forces : on peut aller plus loin, avec les rues qui n'en finissent plus — que ses pas, l'un devant l'autre, transforment en côtes, de plus en plus hautes.

L'ombre résonne : il cherche du regard, devant, derrière, ce dont elle serait le reflet. Comme d'un bruit, suspect, la provenance incertaine. Cherchée en vain. Quand tout le monde dort, on entend ses rêves plus fort que sa raison. Vacarme dans la mémoire, que sa seule présence, au milieu de la nuit, martelant le trottoir, n'arrive pas à faire taire. L'on se retourne sur soi, le cœur battant plus vite que son pas le pavé. Puis on fixe un point, là, d'avant tous les souvenirs — où convergent l'oubli, le rêve et le bout du chemin. On sait ce qu'on cherche, on ne sait pas ce qu'on fuit.

La ville s'épaissit, le temps aussi. Et la nuit. On n'y voit rien : les rues se perdent l'une dans l'autre. Se croisent et se recroisent, se longent, s'allongent : elles suivent nos pas plutôt qu'on les suit. Il en est là : se demande où il est, où il n'est pas. Il a perdu le nord, n'a pas gagné la Vive — à remonter, mémoire abrupte. L'horloge des pas, des rues : de la durée durcie. La valise boite, à ses côtés, que la double béquille des jambes n'arrive plus à soulever. Elle a le poids de la route, ramasse à chaque foulée l'asphalte mouillé. Les kilomètres franchis, loin de fuir derrière lui, s'empilent dans sa malle. C'est son corps qu'il traîne, dedans, tous ses membres pliés.

L'homme est sans signalement. Il va — dans le grand anonymat où tous les chemins sont gris : de l'ombre en route. Il veut arriver quelque part, où il y ait un lit — signer de son nom le registre, tirer un seul grand coup sur sa valise, au fond de laquelle l'escalier tout entier se replie, marche après marche, ombre solide que son pas roule derrière, tapis vivant sous le pied qui risque à chaque instant de trébucher dans le vide.

Ixe dort. Couchée toute la nuit sous les corps endormis. Qui pèsent sur elle. Debout dès l'aube. Les maisons, en chien de fusil dans le lit des rues, rêvent en silence — jusqu'aux petites heures du jour. Où elles s'élancent — cris d'alarme — vers le ciel trop bas : blocs, buildings, béton debout, bâtiment du vertige.

Les premières rues courbent le dos légèrement, le déportent vers l'est. La première place franchie, repliée sur elle-même, fait un ventre creux : il n'en voit pas la sortie. Il ne réfléchit pas longtemps avant de prendre une nouvelle direction : c'est son pas qui pense, ses pieds s'imaginent, tout son corps se souvient. Il se retourne, comme dans son lit, déjà, cherchant la meilleure position pour tuer l'insomnie : trouver le pôle où, toutes ses lignes attachées l'une à l'autre, le corps libéré du mouvement se suspend, comme au-dessus du temps.

Il ne compte plus ses pas, incalculables. Les moutons sautent dans sa tête en même temps que son pied l'obstacle à franchir. Il va. La rue aussi : en sens inverse, plus vite. Le souffle des rues, le vent léger, se noue à son souffle, l'haleine hachée. Puis se délie : lui et la route se fuient, après s'être embrassés, le pas collé au pavé. Chacun va dans son sens. Lui : contre son chemin — à son encontre. La rue : face à lui, qu'elle dévisage — se retournant sur son passage, avant de lui tourner le dos. La ville suit, indifférente, ce lent combat des rues et des pas qui se passent dans sa tête, brouillant tous ses sens, et celui où il va — il ne sait où. Il cogne. À la porte de quoi ? Le pavé lui répond — coup aux reins qu'un nouveau pas lui fait plier en deux.

La valise tire sur le ventre par les muscles du bras, qui vont chercher là un peu de force. Pomper le souffle, qui active le pouls du poignet, la respiration de la paume sur la poignée : branche morte au-dessus du gouffre, sur le point de casser. C'est sur le vide que l'homme se penche pour ramasser ses forces, tombées au fond. Le bout de la rue creuse un abîme, où d'autres rues s'ouvrent en éventail sur toujours plus d'abîmes. Toute sa pensée recule devant le pas à faire : gouffre sous les gouffres — où tout le corps aspire à se laisser aller. Ce serait un lit, enfin.

Son cœur boite, aussi. Et son ombre fait une canne le long du corps, où toute sa fatigue s'appuie. Tirant à elle le grand filet des nerfs, des veines, où le cœur est pris : mouche battant de l'aile. L'âme, plus que le pied, martèle la rue. La vue piétine, qui n'y voit plus. La vie marche sur place dans le corps, dont chaque mouvement revient sur lui-même : à son point de départ. Chaque rue sait que l'homme n'ira pas loin, et l'y mène.

La Vive est là d'un coup. Comme par miracle. Il respire mieux : l'air des montagnes, d'où vient la rivière, passe entre ses côtes. La vie reprend son souffle. Tout près du cœur. La nuit se fait plus douce : l'obscurité blêmit. On y voit mieux : jusque son propre reflet dans les eaux tristes, où l'on devine un visage. Sitôt noyé : dans le miroitement. Les kilos qu'il porte sur ses épaules tombent dans la Vive, se mêlent aux lentes fatigues des eaux usées, brassées, touillées en amont, qui roulent vers la mer, arrachant à la terre son peu de sang, de chair et d'os, dont la Vive semble déjà les restes, les cendres.

Sa valise posée, c'est son propre corps qu'il dépose à ses pieds — libérant sa pensée. Il se souvient de tout : l'odeur nauséabonde, à son réveil, dans la chambre où il s'est senti vidé, tous les organes du ventre et de la tête lavés, lessivés, récurés, les veines sablées, les nerfs un à un déliés, passés au feu, envolés en fumée, tous ses muscles liquéfiés, le sang seul coulant de partout dans le corps, de la tête au pied... Puis : le médecin penché sur ses yeux, scrutant le peu d'âme qu'il lui reste, auscultant la vie, dedans, dont une faible lueur marque la présence, et quelques jours plus tard la pleine lumière des fenêtres, toute la douleur régurgitée, et le poison des tripes arraché au ventre, le large sourire d'une femme vêtue de blanc jusque dans le fond du regard, qui couvre de silences le bruit de ses quelques mots : *vous n'êtes pas fait pour mourir. La mort ne vous veut pas.*

Le souvenir est net : vous ne supportez pas la mort, dit le sourire. Vous ne la digérez pas. Il lui répondra plus tard, après avoir recouvré la parole sans tout vomir avec, viscères, artères, pensées les plus sombres : *vous ne m'avez pas laissé le temps de la cuver.* Il lui faut du temps pour traverser le corps de part en part, de haut en bas, épée de sang qui arrache une à une chaque parcelle de vie blottie au fond de soi... Je n'aurai pas eu le temps de mourir, qu'on m'a enlevé. Plus vite que la vie. Qui m'est toujours remise...

Le parapet tangue. Le pont s'emporte. Les rives vivent, les berges bougent. L'eau frappe les bords comme le vent, dans l'arbre, brise le nid, rompt la branche. L'air casse au-dessus de la ville. L'ondée arrache le ciel, le précipite sur Ixe, dont les pieds trempent dans la Vive, et tout le bas du corps, endormi — que ça réveille. Le temps tonne, la nuit éclaire. Et la rivière foudroie. Les rives glissent dans la Vive, y traînant Ixe. La ville, à genoux dans l'écume, s'incline : la tête bue par l'ombre, à ses pieds, où le ciel la pousse, repousse, furieux. Tout va plus vite : l'orée est là, déjà, et l'horizon. Au bout du bras. On baigne dedans : un pas de plus nous jette dans l'orage, l'éternité qui arrive. Le temps nous donne à boire dans la main. La bouche bâillonnée par cette eau qui coule entre les doigts de la Vive.

La terre a bougé dans la tête de l'homme. Les berges en tremblent, et ses tempes, qui étreignent : serrent. La Vive en sue, toute la ville suinte. Sa peur gagne tout ce qu'il voit, frémit devant lui. Il regarde la pluie tomber dru. Trombes : combles du ciel dans les combes de la Vive. Il est trempé aux nerfs, aux os. Il ne voit plus ce qui différencie le ciel de l'eau, la rivière de ses rives. Un pas de trop, peut-être. Un pas plus loin, toute distance franchie.

L'averse gomme Ixe, en barbouille les berges. Toute l'encre de la Vive dans la main, le ciel soufflette à tour de bras la ville, le pont, et l'homme, que chaque gifle éveille un peu plus : il ne faut plus rester là, il ne faut pas avancer. L'orage obscurcit tout : tout flue, file, et fait un pas de plus. On est de l'autre côté, dans la lumière des yeux dont ce monde-ci est le côté sombre : le bord des larmes, versées à flots.

La pluie cesse, et les délires de l'homme. Il range sa fatigue, celle du corps, celle de la tête, dans la valise du bout des bras, ballant le long du corps, l'épaule pendue au cœur. Puis il reprend sa route : ses sens. Les flaques imbibent le pas, aspirent les jambes par le bas. L'asphalte, luisant de boue, aimante le corps. Il lui faut la force de ses deux yeux pour se maintenir au-dessus de la route — où ses jambes l'enfoncent. Son regard le remorque : il voit le lit où jeter ce corps à la dérive qu'il porte sur ses épaules ; il imagine cette Vive de draps frais où se noyer de sommeil ; il se représente quatre murs d'une ville où il ne pleut jamais parce que le temps s'y est arrêté un beau matin de printemps.

Il a quitté le pont, qui le quitte à son tour. Il fait un pas, puis cent, le long de la rive. Les rues s'éloignent peu à peu des quais, contournent le port. Leur lacis se complique, mêlant les idées dans la tête du marcheur : la vue noyée de désirs, de souvenirs, de rêves, de regrets, émerge à peine des larmes que la fatigue tire du regard.

À chaque tournant, toute la rue est le bout de la rue. Le monde : rien que des bouts du monde mis bout à bout. On ne marche guère plus vite que la terre tourne, changeant avec elle de place dans le ciel. Il le sait : à chaque pas une nouvelle impasse détourne le pas suivant. Il va devant lui comme à l'extrémité du temps, que sa marche étire. Il en est là de ses pensées quand un néon brille : du bleu dans le brouillard, où cinq lettres, comme les doigts de la main, se dessinent sur un fond noir, saluant à distance. Il tend le bras vers cette main, qui l'accueille, clignotant d'impatience. La nuit s'éclaircit autour du mot : la barre du *H* est éteinte, et l'accent sur le *o*. C'est une ombre lumineuse projetée dans l'herbe devant l'entrée.

L'homme est vieux, venu répondre du fond de son sommeil. On s'excuse de l'en tirer. Il comprend : on n'aboutit ici qu'en pleine nuit, après avoir longtemps erré. La chambre a vue sur la Vive, dit-il, puis se tait, tendant la clef. Il lit sur la fiche le nom de G. Lui souhaite bonne nuit. G. répond, trop faiblement. La valise pèse trois étages, sans ascenseur. Il la palanque sur ses épaules. C'est son cadavre qu'il monte, toute la morgue qu'il traîne. Une fois là-haut, il pourra être mort en paix, toute une nuit, sans avoir à se traîner hors de sa vie à chaque pas. Jusqu'à l'aube, couché sur le dos, il contemple en silence, au plafond de sa chambre, l'étrange sourire qui se penche sur son visage, réduit à son reflet dans l'eau.

Le jour, vite, presse la nuit : qu'on en finisse, du noir où crève en douce ce peu de soi qui reste au cœur d'un homme qui dort. L'aube lève l'ancre, soleil de fer, où pendent des algues. C'est reparti : la clarté déferle. Le ciel, voile à voile, largué. G. cale, au fond du lit. Une ancre lourde, où pèsent toutes ses fatigues, drague les hauts-fonds. Ceux, noirs, du rêve qui le retient à lui, accroché à une dernière vision, noyée. Il ne sort pas du sommeil : il y entre debout, plus profond encore. Il se lève dedans, comme si la lumière de l'aube était de l'eau, toujours, moins limoneuse, tirée du lit où la nuit coule.

Le soleil entre, mais par les nerfs, les os, non par les yeux, qui restent clos — l'éveil aveugle. C'est une taie, d'abord : cataracte, voile opaque, lourde paupière du jour tombée sur l'œil. On se frotte les yeux avec le dos de la main — sablé : papier de verre, ponçant l'iris. L'œil, peu à peu, décapé des couches superposées du sommeil — qui l'assombrissent. Puis, d'un coup, la chair du regard apparaît, nue, bois vif avec ses lignes, ses rides, qui en disent l'âge : les traces du temps. On vient à bout de soi, de se tirer des profondeurs, où dort ce que l'on est, pour être ce que l'on devient : ce qui arrive — au jour, au grand. On jette de l'eau sur son visage, lavé du masque qu'y mettent nos yeux clos, derrière lesquels notre ombre joue, la nuit, rôles sur rôles, à l'infini. On regarde, par la fenêtre, ruisseler l'air frais, laver la face du jour. Un peu de gris, dedans, montre qu'on n'efface qu'une partie de la nuit, restée sur l'horizon, où le ciel et la terre se brouillent.

On reprend pied, souffle. Et vie. On se reprend — pas complètement. Mais à moitié. On se ressaie à vivre. On attente à ses nuits, à son sommeil. Suicide inverse : la vie, goutte à goutte, pénètre dans les veines, y répandant le jour. La grande conscience du jour : sa surdose d'être. Vivre n'éveille pas G. — entre deux comas : prolongés. Sa pensée se dessille, mais sur l'ombre, seulement, que son passé y jette, mêlée au rêve. Il prend le temps de se laver la vue, aussi, d'un regard bref, jeté au ciel. Une saleté reste, que la lumière, même la plus crue, ne peut enlever : seconde pupille au fond de l'œil, plus noire que ses pensées. Le premier regard du matin tache la vue du jour. Efface ce qu'elle embrasse avec une gomme noircie aux rêves.

Le soleil astique, étrille. L'acier de l'air réfléchit tout. Brille. Noie Ixe dans son vide. La Vive, en bas, casse la glace où l'air se mire. Ses cicatrices écument, ses milliers de plaies moutonnent — miroir fêlé, craquelé, où les fêlures du ciel se montrent, bleu veines. G. passe une main sur son front, frotte ses premières pensées : masse une à une les idées qui peu à peu lui viennent. Il n'est pas là pour rien : d'autres raisons que vivre l'auront conduit ici, dans cette ville, dans cette chambre — autant dire nulle part. Il n'a pas voulu d'abord, puis s'est laissé convaincre, comme on se laisse aller — à être, à exister. Il n'aura pas de compte à rendre, fera ce qu'il voudra, lui avait dit J., l'ami de chevet, l'ami de toujours. La bouée de sauvetage, la porte de secours. C'était à G. de décider : les autorités d'Ixe souhaitaient, plus que tout, que leur théâtre rouvrît. Et qu'il fût, lui, malgré sa maladie et tout, le maître d'œuvre d'une telle résurrection.

Le théâtre d'Ixe avait été l'une des grandes scènes du pays : on y était venu de partout — avant. Les Ixois avaient fait de leur ville la scène où jouer leur propre vie. Coup de théâtre à chaque coin de rue, péripéties, intrigues — partout : répliques sur répliques, masques qui pleurent, qui rient, sur le visage des places, des rues. Ixe vivait. Le Théâtre municipal avait été les coulisses de la ville, où la vie s'apprêtait, costumée, maquillée, à entrer en scène. Il y avait chez les Ixois ce goût de quelque chose qui les révélât à eux-mêmes, les exhibât sur une scène immense dans ce qu'ils avaient de plus précieux : un désir d'être qu'il leur fallait réaliser. G. le leur redonnerait, ce désir qui avait été dévié vers la Vive, seul théâtre qui reste, ici, avec sa scène mouvante, emportant tout — plus de morts dans cette rivière que dans tous les cimetières de la ville, lui avait dit J. ; G. croit que les théâtres endiguent les courants les plus forts, les plus mortels, qui traversent une ville : il fallait les montrer à eux-mêmes, les habitants d'Ixe, qu'ils ne se cachent derrière leur désir commun de disparaître comme ils étaient venus, noyés dans leur propre indifférence.

J. n'avait pas insisté longtemps : il savait que G. ne vivrait pas autrement. Que dans cette cloche de verre. Cette tente d'oxygène, cette grande bulle d'air : un théâtre, une scène. Et que cette ruine qu'était devenu le théâtre d'Ixe, après dix ans d'abandon, pouvait être le lieu où G. pût représenter les choses comme il le désirait : dans plus de nudité que jamais. Dans une telle pauvreté de moyens que l'essence seule du théâtre s'y donnerait en spectacle. Dix jours de convalescence suffirent, pendant lesquels G. se remit en vie. Remettant en marche l'idée du théâtre, en lui, à quoi sa vie se sacrifiait. Il le savait. Rien ne servait de quitter la scène : elle ne le quitterait pas. Sa mémoire continuait de lui souffler les mots et les silences jetés aux yeux, en proie aux regards, et sous les projecteurs — qui jouent ensuite avec leur ombre. Au dixième jour il avait dit oui : il ne quittera cette chambre que pour aller à Ixe. L'hôpital, ses couloirs, ses grandes pièces blanches, encombrées de machines nickelées, lustrées, lui semblait le théâtre rutilant des corps et des voix qu'il allait mettre en scène, qu'il lui faudrait mettre au monde.

« Vous êtes le seul qui puissiez redonner vie à cette ville : détourner ses habitants de la mort qui se lit partout, ici, sur les visages et dans les gestes... C'est une ville qui n'a plus d'âme, littéralement — que des corps. Les gens ne savent plus où aller, qu'aucun désir ne guide. » On le lui avait dit, répété : une ville morte de trop de vies qui s'y perdent. Dont le théâtre était, au centre, le cœur arrêté. Qu'il faudrait ranimer, qu'il rebatte enfin — que tous les désirs égarés s'y retrouvent, s'y rencontrent. Même les désirs les plus fous. Même le désir de mourir, qui est le plus fort de tous. Le théâtre serait ce à quoi se raccrocher dans la vie. Suspendu aux paroles qui franchissent la fosse que trop de solitude creuse entre la vie et le désir qu'on n'a même plus d'elle. Tout s'éloignait, à Ixe, que le théâtre rapprocherait. On le lui dit, redit — il en avait conclu que oui : il mettrait en scène le sens que les Ixois n'arrivaient plus à trouver à leur vie.

Ixe est une ville couchée. Repose à plat sur les berges de la Vive. Chaque printemps, noyée par le dégel, brusque, et toute l'année sous les pluies, torrentielles. L'eau, son élément, la définit d'un coup : d'un mot. Et petit à petit la détruit. Dissout. Entre elle et la rivière : une étrange rivalité — qui dure. Digues et débords, quais et crues, luttent jour et nuit. On dit qu'Ixe finira dans le lit de la Vive. Le pont franchi, la ville ouvre la main, mais ne donne rien. C'est soi, son ombre et ses pas, qu'on donne — qu'elle prend. On est happé par elle, capté. Les rues se ferment sur soi plus vite que la rivière sur ce qu'elle noie. Doigts repliés sur la paume, elles enfoncent leurs ombres dans le centre d'Ixe — place vide où l'on est pris, repris, dès qu'on pénètre l'âme de cette ville. G. marche sans autre désir qu'aller, venir, ne cherchant pas même le site du théâtre qu'on lui avait décrit : un temple grec aux allures d'usine, posé à plat sur le pavé.

Le matin traîne la nuit derrière lui. Dans la lumière oblique, où les ombres s'accrochent. On est remorqué par le jour. Et le rêve par le réel — où le corps s'éveille, sans âme, plus fatigué que la veille. On enjambe son propre pas, trébuche sur ses propres pieds. On se rattrape au dernier moment à la branche qu'un regard nous tend, devant, fixée au monde — alors que toute la tête suit déjà le mouvement du corps qui tombe, en pensée. Autour de soi : rien que des obstacles, auxquels se raccrocher, en même temps qu'on s'y heurte. Les passants : bouées mouvantes, qu'on évite de justesse. Phares aveugles dans la nuit, peuplée d'écueils. Tous ces bras, ces jambes, qui feraient une canne et des béquilles où s'appuyer, s'éloignent de soi plus vite que l'on va vers eux — jeté au gouffre. Personne pour nous guider. Les rues nous portent sur leur civière, à bout de bras — qui ne supportent que des cadavres, repêchés où ? ramassés quand ? conduits sans pompe jusqu'à la morgue, ramenés chez soi. On ne cherche plus, dans cet état, que sa dernière adresse — et l'on s'égare. Pas de numéro à cette porte où l'on frappe. À quoi l'on se cogne, plutôt. À tous les pas. On va vers son dernier repos — qui ne laisse jamais en paix. Le lit craque, où l'on voudrait dormir. Même éveillé, même en pleine rue. Le sommier grince, dont chaque bruit, chaque cri, nous tient les yeux ouverts. On ne repose jamais — qu'à l'affût d'un sommeil plus profond qui nous trouble. Aux aguets du moment où l'on sombrera dans l'insupportable bruit de fond que fait l'éternité dans sa tête — réveil incessant, alarme que rien n'arrête. On prend son pouls dans le pas de plus en plus lent dont on foule son chemin, comme un drap qu'on lisse du plat de la main. L'on sent la fin, mais elle ne vient jamais. On va vers elle à genoux. Elle n'a pas pitié de nous. Elle va son chemin — loin devant. À l'infini. On ne prend pas de raccourci ; chaque pas que l'on fait est le plus long trajet. Et à chaque pas on le refait. G. le sait, qui voudrait mettre en scène cette lenteur. Le théâtre serait le carrefour des routes sans issue, que l'on emprunte sans qu'aucun sens, aucune direction, ne nous soit donné. C'est sa façon de diriger, de mettre en scène : montrer du doigt le lieu où, comme au centre d'Ixe, toutes les ombres pénètrent sans plus pouvoir sortir. Par la porte des rues, à sens unique, menant des bords jusqu'à son cœur — cet autre bord, dit G., du vide étroit où l'on se perd, au fond de soi. G. pense : c'est une plaie qui s'ouvre directement sur l'âme, derrière, dont le cœur souffre.

Il ne regarde pas devant. C'est en soi que le chemin se fraie, s'effaçant à mesure. On y traverse une scène devant une salle déserte — remplie de son seul regard, exorbitant. Il prend à gauche, à droite : à chaque tournant le côté cour devient côté jardin. Il n'y a pas de nord sur scène ; pas davantage à Ixe. L'unique boussole : son propre cœur, qui tourne dans tous les sens. On ne s'oriente qu'avec le temps — l'aiguille du temps qu'aimante sa fin, l'éternité du froid, le nord de la durée. C'est une montre qui le guide — vers où ? vers quoi ? On est, dit G., dans la mer des Sargasses, dans le triangle des Bermudes.

Le jour n'est pas commencé, malgré midi. La lumière s'éteint au fur et à mesure qu'elle grandit. Elle aplatit la ville : deuxième ciel, plan, plus gris. Le soleil s'est levé, mais sur la nuit. En somnambule. C'est son théâtre, au jour, de

nous montrer l'obscurité d'où il vient. Chaque matin : la
scène non tant d'une naissance que d'un avortement, forcé.
Les petites heures déjà vieilles, et rabougries. On est à l'autre
bout du temps. Le crépuscule masque l'aurore de gras, de
gris. Le rideau ne se lève jamais sur Ixe — immense coulisse,
qui ne donne sur aucune scène.

On y vit à tâtons, les mains ouvertes sur rien. Son ombre,
comme un chien, guide le pas dont on foule sa vie d'aveugle.
C'est une piste dans le désert — qui n'existe pas. Que dans
le flair d'une bête, près de soi, qui cherche ce qu'à chaque
pas l'on perd : le sens de sa route. G. marche, de long en
large. Va de place en place, de parc en parc. De terrain vague
en terrain vague, le long de la Vive. Où l'on trouve, mort, au
petit matin, l'un de ces sans-abri qui sont à Ixe-sur-Vive
comme dans leur dernière demeure. Une ombre errante,
qu'une ombre plus grande aura gagnée, surprise dans le noir.
Le froid l'aura repris, l'homme que sa mort abrite. Le temps
gelé de l'éternité. Qui tombe avec la nuit. Sur les plus faibles.
Il a marché, G., jusque très tard. Où l'heure se perd. Où l'on
n'a plus le temps, qui est tout entier passé. Ne reste que de
l'espace, vide, entre ses pas pressés. Un intervalle troué. On
a le sentiment que la terre ne tourne plus. On ne marche que
pour vérifier que tout s'est bel et bien arrêté, qu'on est passé
à autre chose.

Les terrains vagues, c'est la ville malade. Ces trous entre
les immeubles : l'excroissance du vide qu'elle cache, sur
quoi elle a été fondée. Sa raison d'être, à Ixe, endiguer la
Vive entre deux vides — aussi profonds que la fosse creusée
par les noyés que l'on ne repêche jamais. Les trous béants,
partout, aux abords de la ville et jusqu'au centre, sont les
monuments en creux, sans dalle ni croix, offerts aux morts
qui n'ont pas de tombe. On connaît ces lieux : la ville en
friche, les déserts de ville. La vie nocturne des terrains

vagues. Personne n'y erre, qu'une âme — en peine d'un corps. On sent le vide autour, qui nous serre de près. Plus lourd qu'une pelletée de terre sur la tombe d'une enfant. On est la peur incarnée : qu'arrive la fin, déjà, et le désir charnel qu'elle vienne, enfin. Sans rien pouvoir démêler d'un tel nœud, au ventre, qui tire par tous les nerfs, toutes les veines du corps. À quoi la tête seule reste sensible, l'esprit à vif — seconde chair, ouverte à l'arme blanche.

On ne les franchit, ces lieux, que dans le désir, retenu comme son souffle, d'une fin violente — qui n'épargne rien, l'âme incluse, grosse d'un tel espoir, que l'on étouffe. On entend, mêlé à ses pas, le sifflement d'un inconnu, derrière, et presque son souffle sur la nuque. Il siffle un air joyeux, que contredit la force du pas, sa lourdeur sèche. Son ombre nous devance, linceul étroit, qui voile notre cadavre — étendu là. Dans le proche avenir : l'instant d'après. Puis le sifflement nous double — on est toujours vivant. La peur tombe, au lieu de notre corps — toujours debout. Pour combien de temps ? L'angoisse revient, d'un coup, dans d'autres bruits, d'autres ombres, où tout notre corps, concentré dans une âme qui tremble, imagine d'autres âmes prendre corps. On n'est jamais seul dans les lieux désertés. La solitude s'accompagne d'une solitude plus grande à chaque pas. Une multitude solitaire, qui menace la nôtre. D'une plus vaste solitude encore, toujours. Plus vaste que terrains vagues sur terrains vagues au cœur des villes, au bord des fleuves. Marcher là, la nuit, c'est se mettre en scène dans chaque geste qui efface le corps où il prend sa source, dans chaque parole qui éteint la voix où elle prend naissance. Plus de rideau entre la scène et vous, ou des rideaux partout, l'un qui se lève sur l'autre, et la fosse entre chaque lever. L'unique acte, sur ce semblant de scène : se retourner sur soi dans la peur de son ombre.

Il aura fallu ce temps, à G., un jour, deux nuits, et cette longue marche dans Ixe, près de la Vive, pour aller au bout de son attente : un théâtre vide. Pas un siège. Une scène nue. Peu d'éclairage : deux, trois, quatre ampoules blanches, crues, pendent des rampes. De vieux lambris, le stuc, et les dorures ternies. Des trompe-l'œil de chaque côté de la scène, sur le plafond, voûté, dans le hall entre les miroirs. On est à une autre époque, et aujourd'hui, où toutes les époques se meurent. On est là, ailleurs. Où vont les ruines, dans la direction du regard que l'on porte sur elles pour en percer le mystère. C'est Ixe en plus petit, mise en abyme : une même désolation, et le même charme, émané d'où ? on ne sait pas : d'un vieillissement prématuré, qui frapperait l'âme d'une enfant. On est chez les fées, et à la morgue, dans un charnier. Le merveilleux est là, pourri sur place, de l'intérieur. J. l'avait bien dit : une ruine, mais nouveau-née. La renaissance dans les décombres. Une déchéance — originelle. On est au commencement de la fin, quand elle paraît inéluctable. Rien ne la redresse : cette courbe lente de la chute, qui s'accentue. Tombée de rideau — où tout le théâtre s'effondre, sous son propre poids. La scène glisse dans la fosse. Rien, partout, qu'un parterre vide avec ses loges dessous, qu'on ne voit pas, qu'on imagine. Et des balcons dans le troisième sous-sol. On sent le poids du drame dont le théâtre s'est soulagé, d'un coup, vidé de tout — et de l'idée, même, qu'on puisse monter sur scène, crier, gesticuler. Dans tant de calme, maintenant,

25

qui absorbe les bruits, la vue, boit les paroles, les gestes. Leur corps, leur voix. On est entre quatre murs aveugles, dont l'aveuglement remplit l'espace, mêlé au temps — mort, déchu de la durée. Plus qu'une mémoire, qui clame que rien ne dure : dans ce qu'elle n'arrête pas de taire. La vie : passée sous silence.

G. le voit : ce temps arrêté. S'y sent chez lui, dans sa vie, immobile, l'immeuble de sa vie, l'immuable — quand tout s'est à jamais figé. Il dormira là, fera son lit de ces décombres. Grabats, gravats, il dit le monde est grabataire et le théâtre, cette ruine, debout encore, parmi les débris, où le monde se soigne, à l'abri du temps. La vie, ici, le peu de vie qui reste, en éternelle convalescence, l'aura trouvé enfin : l'ultime maison de repos — sanatorium de l'être. Le moindre mot gèle dans l'air où la voix le jette, rebut de l'âme, le moindre geste se fige dans le vide où le corps l'exécute, membre coupé. Le théâtre conserve les morts vivants : d'une autre vie que les mortels. C'est le lieu dont il rêvait : l'espace, le temps, en phase terminale — un monde, une mémoire, à l'agonie. Une destination : finale. On est en bout de route, au bord de quelque chose d'autre. Cette salle est une impasse. Elle donne sur un mur — masquant l'abîme, derrière, sur quoi les murs se lèvent quand il n'y a plus de rideau, plus de scène ni de coulisse, qu'un seul grand vide rempli d'échos, comme au milieu des ruines, au bord des précipices. Il s'est assis par terre, il a levé la tête : une voix, plus claire, s'est détachée de l'air. Résonne — comme un reproche, déjà, dans le souvenir qu'il lui en reste. Un cri poussé, mais dans l'oubli où toute chose tombe, un jour ou l'autre, loin devant elle, loin devant soi.

Il savait qu'elle aurait cette voix : à couper les ténèbres. Souple et ferme — comme une lame. Avec un peu de sang, dessus, qui en accentue le lustre. Une voix, tel un miroir brisé, dont le moindre éclat vous coupe les veines, au plus près du cœur. J. lui avait parlé d'elle : Hélène L. — qu'il pourrait la mettre en scène : dans un espace réduit au seul volume de sa voix. Au seul filet de voix quand il s'enroule autour des mots — et les étrangle. Cette voix était un théâtre en soi. Un chant d'avant le chant. Dont il ferait la scène des seules paroles qu'il voulait montrer : dans leur éclat. Que la voix seule pouvait fourbir — arme blanche avec quoi l'on perce tous les mystères, fouille le vide, la plaie du temps. Son métier était de chanter. C'était un don qui lui avait été fait, avec la vie — une vie donnée avec une voix. Et tout son corps s'y prêtait. Se rendait à cette raison : d'une vie dont la voix est la seule cause, l'unique fin. S'abandonnait : au souffle qui la porte. S'échangeait contre ce don : d'une voix pure — qui la lave de tout. Son corps : rien que l'ombre de sa voix. Sa voix : ce corps rendu audible — pure sonorité, dont l'absence faisait sentir le silence comme une douleur. Elle viendrait le voir, dit J. — et il verrait.

Elle a crié un nom, qu'il n'a pas entendu. Elle a peut-être appelé : *il y a quelqu'un ?* Il cherche à voir cette voix, dans l'obscurité. Imagine le corps qu'il y a derrière, qui la pousse devant — loin. Face au regard lancé vers elle, qui ne la croise pas. Il peut, quelques secondes encore, mouler cette voix dans un corps qui soit la première scène d'un tout premier acte : l'acteur réduit à son seul personnage, né de l'imagination d'un seul spectateur. Rien n'apparaît — qu'un peu de lumière qui tache le noir où ils sont tous les deux. Dans la distance. D'une voix venue de si loin qu'il lui faut traverser des déserts l'un à l'autre aboutés pour atteindre, épuisée, tarie, l'oreille où elle tombe enfin comme morte, inaudible. Elle recrie : *quelqu'un est là ?* Dans le silence qu'il garde, lui, tel un secret : ne rien révéler de sa présence qui détruirait celle, fragile, qui émane du cri. Tapi dans le noir, il appâte la voix, l'attire à lui. Comme les paroles que le silence aimante, oreille dans le noir. Il attend que la voix se fraye un chemin jusqu'à lui — tâtant le silence, autour d'elle. Les murs de silence, qui s'épaississent. Plus il dure, plus il devient dense : infranchissable. Bientôt, elle n'avance plus. La voix reste sur place, recule. Rebrousse les cris, un à un, jusqu'au premier, le plus lointain. C'est là que G. se lève : *je vous attendais*. Sa voix l'a dépassé : il a crié plus fort qu'il le voulait. Plus fort qu'elle. Elle a sursauté, prête à fuir. C'est sa peur qui a entendu l'appel, pas elle. Elle a tourné la tête, mais dans sa tête seulement, tout son corps cloué sur place, le regard figé. Elle ne répond pas tout de suite. Elle ressaisit sa voix, qu'elle a perdue. Se ressaisit. Reprend son souffle, que lui coupait le cri. Qui continue. La voix le répète sans arrêt : qu'il l'attendait — une voix trop vite sortie du silence, qu'elle traîne, comme on se traîne hors du lit, avec le poids de ses fatigues, dans la lourdeur des choses qu'on a gardées pour soi toute la nuit. Puis elle dit oui — où êtes-vous ? Quand elle constate que sa voix tremble, que tout son corps frémit. Il fait froid dans le silence — plus froid dans le cri, gelé sur place, qui glace la distance : le vide givré entre les pôles. Frimas de la rencontre. Coup de froid — et qui foudroie.

Elle avance : jusqu'au point aveugle du cri, d'où il a été lancé. Dans le reflux vers G. : au nord du bruit. D'où la glace, d'un coup, prend : sur l'étendue qui les sépare. Elle marche sur cette glace, qui casse sous ses pieds. Arpente une scène que G. aura minée. Son pas hésite, sur le sol qui s'ouvre, où toute la distance se fend, l'étendue craque. Fouille cette faille qu'elle creuse dans la durée — s'enfonce dans l'éloignement, réduit à chaque pas. Miroir opaque : entre un visage et son reflet. L'air gelé, durci, dont les regards sont faits lorsqu'ils ne frappent rien : qu'un mur. Leur propre écho, infiniment prolongé. Puis elle fut là : à deux coudées du vide où elle ne le voit pas — qui la regarde. De près. De trop près : ses yeux la touchent. La tâtent, comme on fait des deux mains dans le noir. Éclairent une partie du visage dont l'autre se devine, et tout le corps avec, petit à petit, qui tombe sous ce regard comme dans des bras — plus vite refermés que les yeux dans le rêve, que les draps sur un corps endormi.

Ce regard la soutient. Porte la voix qui dit : *où êtes-vous ?* — qu'elle ne tombe dans le vide où elle s'élance vers lui. Ce regard, qui la soulève à chaque chute qu'elle fait dans le vide où elle va, c'est la scène enfin, où cette voix puisse se montrer nue, sous l'éclairage du pur visible où sa hauteur et son volume s'exhibent. Et sa tessiture. Son étendue : dans le temps et dans l'espace, comme sur un lit — où le dormeur paraît porté par son propre rêve, échappant à la gravité du sommeil où il est tombé, avec le poids des morts. Sa voix, à elle, l'allège — bondissant dans le regard de G. Il la remet sur scène : à hauteur de cri — portée par le souffle, dont les mots qu'il lui met dans la bouche gonflent sa gorge. Elle respire avec cette voix — donnée avec la vie. Ce don qu'elle a — de naissance — de chanter juste. Jusque dans les cris que la peur lui tire du ventre. Lui tire au ventre.

Elle continue d'appeler : montrez-vous. Ce n'est pas un jeu. Mais elle joue déjà. Elle est mise en scène. Le théâtre la donne en spectacle sans qu'elle le voie, éblouie non par la rampe, ses feux, mais par l'obscurité du regard dont G. l'entoure — l'y plongeant, toujours plus creux. La distance, entre eux, s'ouvre comme une noix : d'un coup. Mais il n'y a rien, dedans, qu'un vide qui épouse un vide. Elle avance dans cette absence où G. se trouve et se perd : flux et reflux où l'on se jette l'un sur l'autre sans se toucher. Marée de la rencontre. Qui baisse et monte d'un même mouvement. Du pas qui va, qui vient : autour d'un point. Point de fuite — au bout du temps, qui n'en finit pas. Il ne la touchera pas, si près de lui, sans que sa main ne franchisse un vide qui l'engloutisse. Le regard seul, à cette distance, touche réellement. Il est du même vide que ce qui sépare : l'air, l'étendue, la voix elle-même, à quoi il se mélange — sans qu'on n'en voie rien. La vue mêlée à de la voix ressemble à de l'absence pure, dont on fait l'âme sur quoi notre existence repose — douteuse.

Elle est à portée de main. Dans la promiscuité du geste, l'œil aveugle tâtant l'espace, qu'incarne le toucher — le tact à nu d'une main qui en saisit une autre, et tout le corps dedans. Le cœur avec — qui saute dans la paume, dans le poignet, tressaute. Puis elle s'éloigne. Ne le voit pas : tapi dans l'ombre qu'elle fait autour. Devant, derrière, quand elle passe près de lui — et le dépasse. Elle monte sur les planches. Ce qui reste de scène : au-dessus du vide où imaginer une salle, un millier de regards. Un parterre de roses, qui seraient des yeux, offerts en gerbe à cette voix qu'elle incarne toute. Sous les projecteurs. Qui restent éteints. Une salle obscure, où perce le regard de G. : il met en scène l'ombre seule des gestes et des paroles. Grâce à cette voix qu'elle a, Hélène L., projetée plus haut, plus loin que la lumière.

Une clarté frappe, où elle paraît. Plus vraie que réelle. G. rompt le silence : la glace. La lumière augmente, et la chaleur un peu, qui coule sur elle : l'inonde. Clartée en crue. Accrue. Où l'on pourrait se voir, s'entendre. Peut-être se toucher, se reconnaître. Il dit : vous êtes l'apparition de votre voix. Rien d'autre, ce qui fait plus de silence encore — d'obscurité, où il reste plongé. D'où il l'observe. Une robe stricte : son corps, dedans, libre, étreint. Un visage que ses cheveux dégagent, remontés haut, retombant en queue de cheval derrière son dos. Des yeux précis, le regard vague — lointain. Le gris des yeux place le regard à l'infini. Les traits sont fins, le corps aussi. Les joues, la taille : creuses — cette femme n'a pas mangé depuis des siècles. Elle se nourrit de sa voix. Rien d'autre, dans sa bouche et dans son ventre, que cette voix-là : charnelle. Un corps sur une musique — chaque geste : la partition d'un chant. Ses formes épousent, étroitement, les contours d'une telle voix, dont le regard qu'on lui jette touche le grain. Seconde peau dont sa respiration se vêt. Où G. reconnaît l'âme : voit qu'elle existe. Et qu'elle la montrera sur scène.

Votre vie se dessine dans votre corps — il le lui dit. À même les couleurs de votre voix. Et son contour, quand elle moule les mots, les serre de près. Cette voix prend sa source dans le mouvement de vos bras, de vos jambes. Dictée par le désir de chanter qu'exprime chacun de vos membres. C'est d'un même élan que vous marchez, criez, cherchez du regard ce qui vous échappe. Quelque chose vous fuit, que vous rattrapez dans votre souffle, dont tout votre corps s'anime. Et votre âme tremble. Vous avez le théâtre dans la voix, comme on dit dans le sang. Vous saurez les faire voir : les mots les plus obscurs dont le théâtre est fait. Et ces yeux, dans le noir, qui ne se dessillent qu'en rêve. Vous ferez que se croisent dans votre voix les paroles et les regards les moins faits pour s'entendre, se rencontrer — parce que les mots dont je parle s'éloignent infiniment de leur sens et les yeux dont on observe une scène se perdent dans leur aveuglement... Il lui parle sur ce ton, longuement. Elle ne fait pas un geste. Tourne la tête, seulement, à gauche, à droite, cherchant la voix ou les mots, directement, qui lui proviennent elle ne sait d'où, comme s'ils sortaient du corps d'un ventriloque, de nulle part ou de partout. Avant que le silence ne vienne faire un peu d'ordre dans le flot des mots — qui emporte tout.

Vous serez cette voix : jouerez son rôle. Sans même que vous chantiez, et ouvriez la bouche — sur autre chose que le silence. Qui sera *votre* silence, comme votre voix est à vous. Une qualité de silence qui vous appartienne en propre. Comme cette couleur, dans votre voix, dont elle s'éclaire lorsque vous criez, lorsque vous appelez. Vous incarnerez la voix que la parole épure jusqu'à ce filet que le silence tresse avec le cri dans le mumure. G. veut un théâtre qui montre l'acteur bouche bée, la salle pendue à ses lèvres, trou de mémoire qu'aucun souffleur ne comble. On se tait, et c'est plus fort que s'écrier, qu'appeler à l'aide. On regarde devant soi la buée des mots qu'on ne prononcera pas — comme les mourants leur souffle s'évaporer sur les miroirs. Nos yeux montrent ce qu'on voit : le vide atroce où tout ce qu'on dit tombe, qui ne s'adresse à personne. Parler : jeter des mots au vide, comme par-dessus la rampe — au-delà de quoi le néant commence, spectateur par spectateur, dont l'esprit reste à jamais sourd au sens de sa voix, au cri qu'on y retient.

Il la regarde : Hél. Il l'appellerait comme ça : Hél. — le nom ramené au son, l'être entier au simple bruit. Il la voit jouer sa voix, son corps : les risquer là, sur scène, dans le moindre geste, la moindre parole. Ses gestes ont la même nuance que sa voix lorsqu'elle passe, hésitante, du silence au cri. Ses mouvements parcourent ses membres comme s'ils traversaient la gamme chromatique du corps complet — ses ondes, dont l'âme frémit. Un corps vocal, dit G., comme la voix est charnelle : une bouche dans la bouche, plus profonde, dont les lèvres étreignent le souffle — comme vivre, parfois, serre le cœur de si près qu'il l'empêche de battre.

Ce serait sa dernière pièce : *Le mespris de la vie et la consolation contre la mort*, d'après Jean-Baptiste Chassignet. Leçons de Ténèbres à chaque poème — qu'il voulait, sur scène, plus ténébreuses encore. Pour que la lumière des mots s'impose. Éclate de tous ses feux. Ceux dont on brûle dans les enfers de toutes sortes. De telles leçons se donnent dans la lumière d'une voix poussée jusqu'au mutisme, dont le corps est le support. Chaque membre garde le silence que la voix disperse. L'exhibe : plus nu que la chair qui tremble qu'il se mue en cri. Les mots que vous chanterez, crierez, tairez, n'apparaîtront que sous l'éclairage de votre corps — dont le silence jette une lumière plus crue sur le sens opaque, obtus, des paroles de mort que le théâtre met en scène. Votre corps réfléchira chaque mot, plus vite que votre esprit. Vos membres réverbérant votre voix nue, il dit : comme la mer reflète ses milliers de sources, qu'on ne voit pas. Vous serez ce *mespris*, et cette *consolation*, dont les vers de Chassignet donnent la sensation : pure — bien plus que le sens obscur. Hél. ne dit rien, tourne le dos, lentement. Elle serait ainsi : dos au public, jouerait sans visage.

Vous ne jouerez pas cette pièce : vous serez jouée, vous vous laisserez jouer. Les intonations de votre voix dicteront les mouvements de votre corps — dont le spectateur déduira peu à peu votre visage, inventant les traits qui feraient voir, de face, la joie ou la douleur, l'extase ou la stupeur. Vous ferez le vide sur scène, avec votre seule voix courant dans votre dos, où tout l'être frémit. Comme l'eau se ride, creuse l'abîme, dès qu'on y jette la moindre pierre. Une seule syllabe remuera votre corps, ses plus secrets remous. Qu'on voit de dos. En l'absence de visage. Parce que le sens des mots, dit G., ne se regarde jamais de face : sans méduser, figer sur place. Chaque son de votre voix, chaque mouvement de votre corps, fera voir le vide où les choses arrivent, sur scène. Le théâtre a pour vocation de montrer qu'il s'élargit sans cesse, ce vide, s'approfondit, entre les êtres qui se jettent dans l'abîme l'un de l'autre dès qu'ils essaient de se rapprocher. Les mots et les gestes de l'acteur tiennent à ce gouffre, qu'ils creusent au devant d'eux, où logent les spectateurs, dont ils agrippent un bras, une main, au passage — comme une branche morte.

Votre corps laissera entendre ce qui fait la force du chant : une voix qui se meurt dans son propre silence, de sa belle mort. Une voix qui, au bout d'elle-même, revoit les lieux de sa naissance. Se souvient d'où elle vient, comme d'une plaie qui a grandi, s'est aggravée, gagnant le corps tout entier. La maladie de la voix, Hél. la couvait — dans la bouche muette du ventre et des poumons, où cuve le silence qui éclaterait, un jour, ses métastases proliférant, le corps et les paroles mêlant leur sang, plus contagieux que le néant pour le néant quand ils s'échangent leur substance. Hél. n'écoute plus : il y avait entre eux l'horreur qu'a le vide pour le vide, et l'attirance qui la surmonte jusqu'au vertige. Elle pense qu'il lui faudra sauter dans l'abîme à chaque pas qu'elle devra faire pour aller vers lui, ou pour le fuir. Puis elle le voit : là, qui se détache du noir. Plus noir encore. D'un noir qui l'arrache à l'ombre où il est — pour le jeter dans plus sombre encore, parce que plus près. Comme sa voix, à elle, démarque son silence du silence général dont tout semble frappé. Ils sont l'acteur l'un de l'autre, dont le personnage n'aurait pas d'auteur : il la jouerait, elle le jouerait. Ils échangeraient leurs silences plus vite que les répliques, dont le noir où la scène s'enfonce obscurcirait le sens jusqu'à ne plus montrer qu'un vide, immense, où tout se peut, sans que rien n'existe. Parce que le vide a pris, entre eux. C'est une glace, c'est un ciment qui les soude — pieds et poings liés, sans qu'ils se touchent, s'étreignent.

La salle, d'un coup, aussi étroite qu'une chambre au lit défait. On marche de long en large : on se heurterait aux murs. Le théâtre : l'hôtel d'une nuit, d'une seule, passée avec l'inconnu. On n'est pas dans ses draps, pas dans sa peau. On est dans ceux, dans celle d'un autre, qui n'est pas dans les siens, pas dans la sienne. On joue l'homme, la femme, d'une chambre d'hôtel à un seul lit — l'unique fenêtre donne sur une impasse ; la porte, fermée à clef, sur un couloir obscur : coulisses d'une autre histoire, à mille lieues de la sienne, où l'on est embarqué. Décor anonyme des chambres et des théâtres vides : il faut imaginer bribe par bribe le monde où l'on vit, dont rien ne nous donne le signalement. Aucun signe particulier : la tache de naissance des lieux effacée par le temps. On est, chacun pour soi, la cicatrice qui distingue dans les lieux anonymes celui que l'on occupe : pour un temps seulement, plus anonyme encore. Le théâtre rouvre cette cicatrice — dont les chambres d'hôtel restent marquées après le passage de ceux qui la portent, dans leur regard à nu, qui laisse partout des traces sur ce qu'il voit.

La scène est le refuge des hommes, des femmes, dont l'âme est sans domicile fixe au milieu de leur corps. Allant et venant à travers les ruines de leur personne sans trouver son lit. Elle est cette chambre de passage où le temps s'arrête avec eux, une heure, deux heures, une nuit — morceau de monde en dehors de leur vie. Hél. et G. le savent : qu'ils partageront cette chambre. Le temps d'une nuit, longue, unique

— pièce en un seul acte. Tout leur passé, tout leur avenir : d'un seul tenant, et d'un même souffle. Ils sont face l'un à l'autre, comme à leur vie. Au temps qui passe : entre eux — miroir dépoli. Filant le long des chemins — sans autre issue que leurs reflets, d'où naît l'illusion qu'ils se voient. Pour la première fois : au sortir du lit — partagé comme la vie entière, déjà, dont on s'éveille aussi brusquement que l'on fait d'un rêve. Qui sonne dans sa tête, plus fort que les réveils — où hurle l'insomnie, en chœur avec les cauchemars.

Le lit est froid, étroit. On y couche avec son double, qui vous pousse en bas. Lit de fortune des rencontres qui n'ont pas lieu, réellement, ou pas de lieu fixe. Leur point se déplace, continuellement, d'une scène à l'autre, d'une chambre à une chambre, dans le théâtre d'une vie, l'hôtel du monde. On y est à l'étroit jusque dans les déserts que l'on fait, autour, dont les quatre horizons accrochés au ciel sont les trompe-l'œil que le regard applique aux murs d'un univers halluciné : théâtres, hôtels où l'on passe sans se fixer — sauf pour rêver, sans pouvoir dormir. Dans l'étouffement, l'étranglement du temps qui fait l'exiguïté des lieux, leur petitesse, la nuit. Leur bassesse et leur médiocrité, qui se communiquent à l'âme. On respire par le cœur, et par la tête, dans le manque d'air. Par les mots que le théâtre nous met dans la bouche comme un peu d'eau, de pain. L'on peut, dit G., avec quelques phrases, traverser le désert des chambres — jusqu'au prochain oasis, où d'autres paroles, dans le silence à sec, feront croire à la source, quelque part, où mène le pas que l'on persiste à faire en rêve. Qui nous tire par l'âme. Par la manche de l'âme qui voudrait dormir, entre ses draps.

Il la regarde : elle a des yeux de verre. Elle le voit : son regard de glace. Ce froid les touche — survenu vite, entre eux. Après le feu des mots, qui vient de s'éteindre. C'est un seau d'eau sur de la cendre, où bruit un peu de braise. Ils sont hors de danger : en dehors du temps, du lieu. Du feu. Dans les limbes de la durée — pure. Dans la tiédeur du froid qui suit les nuits passées à deux dans une même solitude — serrée. À se jeter, corps et âme, dans le feu l'un de l'autre. À se jeter les mots à la figure — l'eau sur le feu — quand c'est le cœur qui est visé, heurté, giflé. Ils se regardent, mais ne se voient pas : le froid aux yeux brouille la vue qu'ils ont l'un de l'autre. Quand c'est tout ce qu'ils ont. Une fois qu'on a tiré le drap qui les couvrait. Dont on s'abrite, quelques instants, dans l'illusion d'une seule et même peau. Caresse unique : d'un corps à l'autre, avec une âme dedans, qui passe par tous les membres. Jusqu'à ce qu'on étouffe — dans ces draps-là, rabattus aux pieds d'un coup. Elle apparaît alors : la nudité — où le cœur prend froid. Le visage se referme : cherchant à l'intérieur du regard un peu de chaleur qui couvre son corps d'un autre corps imaginé, dont le théâtre donne l'illusion qu'il épouse tous vos membres depuis l'intérieur des os, des nerfs.

Les nerfs ont froid, aussi, et les os gèlent : dans le corps laissé à lui-même — aux petites heures de l'aube où les chambres anonymes nous jettent. Rejettent, auprès d'un autre corps, abandonné. Le théâtre que G. désire — ce furent ses derniers mots, qu'Hél. n'a pas voulu entendre — tire d'un seul grand coup (d'un geste, d'un cri : irrévocables) le drap de silence sous lequel les spectateurs s'abritent dans le noir où ils dorment avec les acteurs — rêvant avec eux d'une vie dont leur nudité révélée, d'un trait, dans un regard qu'Hél. leur jettera, dans une partie d'elle qu'elle leur montrera, les réveillerait à jamais. Que fait-on des morts, Hél., le savez-vous ? L'on tire un drap sur leur visage — que le théâtre, lui,

39

rabat à leurs pieds, glacés. Arrachant le masque — funéraire. Elle a tourné la tête, détourné le regard. Dans ce détournement, elle le voit. Il a un visage de glace. Le théâtre en aura pris froid. Et elle, dans sa voix, transie, moitié dans la mort, déjà. Le regard qu'elle lui rend montre le silence où elle se débat, éclaboussant le noir. Hél. a l'air noyée dans l'air. Il ne lancera pas un mot pour la repêcher.

Ils restent là, longtemps : pendus l'un à l'autre. Le silence tire sur la corde nouée à leur cou, serrée — dès qu'ils ont fini de parler. Ils en porteront la marque, une fois détachés. Hél. est venue à Ixe pour voir son père, qui se mourait. Ixe était sa ville natale, où elle allait vivre après la mort, il y a longtemps, d'une mère qu'elle avait à peine connue, et pas eu le temps d'aimer, ni de haïr, la lente agonie d'un père qu'elle avait mis tout son amour à ne pas détester. Elle le lui dit : je ne suis pas venue pour le théâtre. C'est J., l'ami commun, qui avait insisté. Il fallait qu'elle le rencontre, G., qui voulait un théâtre de voix seules. Un croisement de paroles et de corps dans le souffle. Il l'intriguait. Elle voulait savoir qui était cet homme que la voix fascine. Elle aussi, elle voyait des images dans la voix. Des images du temps. Du temps qui passe — si vite qu'on ne les voit pas : les images qu'il laisse. La voix fait battre le pouls des images plus vite que la vue, et le théâtre, l'animation du visible par l'imperceptible, dedans, qui le brasse comme l'âme remue le corps dans la marche, la danse, montre ce battement seul, le rythme de la vie qui passe.

J. lui avait parlé de ce projet, qui la détournerait des pensées qu'elle n'avait plus que pour son père — dont l'agonie lui prenait tout. L'énergie de vivre, même. Dans cette espèce de deuil qu'il lui faisait porter vivant. C'est par désespoir, presque, qu'elle était venue le voir : G. — d'autres se seraient jetés à la Vive. J. lui avait dit : il sera là aujourd'hui, vers midi — tu l'y trouveras. Je suis venue. Je n'aurais pas dû. G. : vous êtes venue pour rester. Il lui prend le bras, le serre. On repêche, comme ça, une âme qui se noie. Par un morceau de corps qui dépasse — s'offrant à une dernière étreinte. Qu'une main referme sur soi plus vite que la Vive sur ses noyés. Dix doigts autour d'un poignet suffirent à Hél., à G., pour comprendre qu'ils s'accrocheraient à ce geste. Dans le cours des choses. Trop rapide pour une caresse. Cette lenteur des corps, extraite du temps. De son flux vivant. La caresse est du temps mort, qui n'existe plus. Une durée qui dure, sans rien dedans. Quand le théâtre est le temps qui se meurt lentement, dont les acteurs font entendre les plaintes et les soupirs, les silences et les cris. Comme lorsqu'on serre un poignet jusqu'au sang.

Elle est née près de la Vive. Mais on ne naît pas, à Ixe. On meurt, d'emblée, mis au monde qui vous défait de vous — lentement. Comme il se défait de soi, de place en place, de rue en rue, de terrain vague en terrain vague. Où rien n'attend plus rien, ni de la vie, ni de rien d'autre. Pas même du fait de mourir. Seul fait qui compte, ici. Le fait divers de la mort, partout. Dont on ne parle jamais. Le silence dont on l'entoure : c'est en parler déjà — trop. Elle n'a pas eu d'enfance. Une vie mûre tout de suite : le fruit et le ver, dedans, avant la fleur, la feuille, le rose et le vert. Un bonheur, parfois, mais d'adulte. Un cœur qui bat trop vite dans ce bonheur — et va trop loin, l'épuise. Saute l'âge. Vieux déjà : avant de naître. Et de grandir. Il meurt petit. Voilà l'enfance qu'elle a menée. Qui l'a menée jusqu'ici — jusqu'à ce père, mort depuis toujours, qui se mourait encore, dont elle veillerait le peu de vie qu'il lui reste. Une lueur persiste : dans cette nuit d'enfance. Dont elle souhaite qu'elle l'éclaire un peu sur ce qu'elle est, aura été. Elle voulait vivre l'enfance qu'elle n'aura pas eue, dans cette mort qu'elle attendait. Qui l'attendait. Son père lui avait écrit : qu'elle vienne. Après tant d'années où ils avaient été séparés. La séparation risquait de s'éterniser — il lui avait dit : je ne veux pas que ton absence s'ajoute à la mienne, où je m'enfonce chaque jour un peu plus. L'absence le tuait. Trop vite. Elle pouvait l'interrompre, en venant. Tout ralentir. Le temps que l'éternité passe doucement sur tout — et sur l'enfance. L'emportant. Il la voulait tout près : l'éternité déjà, à son chevet — avant que la mort ne vienne. Elle serait du temps enlevé au temps. Quelques heures encore, prises sur sa vie — leur ralenti. Instants de trop. Une rallonge à vivre, qui l'attacherait au monde — même quand il l'aurait quitté. Il lui avait télégraphié : qu'elle arrive avant la mort. Demain : tout de suite. Elle avait pris le premier train.

G. le sait. Qu'elle n'est pas venue pour lui, son théâtre et le reste, dont J. lui avait parlé. Mais pour ce père, qui l'attendait, là, maintenant. Et qu'elle devait partir. Elle reviendrait. Demain, sans doute. Ils en reparleraient. Il ne la laisse pas s'en aller sans le lui dire : qu'elle a une voix qui porte le deuil de tout ce qu'elle dit. Un deuil permanent la voile — d'une ombre claire, seulement. Transparente — usée jusqu'à la trame par trop de lumière que fait sur elle l'intimité des morts. Et que le regard qu'elle pose sur lui comme une lampe au chevet d'un mourant n'éclaire que sa propre nuit : à elle. Ne veille que son aveuglement. Cette autre agonie — qui touche à l'âme, après le corps. L'image, au fond de l'œil, à quoi tient une vie. Une dernière larme, dont les yeux brillent avant qu'ils ne pleurent. Dont ils s'éclairent et resplendissent. Elle est déjà partie. Le vide qu'elle fait, fermant la porte, résonne de tout ce qu'ils n'auront pas dit. G. reste dans ce vide quelques heures encore. Quand il sort, il ne revient pas tout de suite à lui. La place et l'église en face, la Vive au loin, que l'on devine, restent dans l'ombre, à demi mortes. Le théâtre le suit, l'accompagne un peu : quelques pas dans le noir avant que la conscience du jour, qui se couche sur Ixe dans plus de lumière qu'il n'y en aura jamais le matin, le saisisse d'un coup. D'un coup au ventre, dont il ne se remettra qu'à son hôtel, le corps plié en deux au milieu des draps.

La nuit, Ixe s'étire jusqu'aux limites de la plaine. S'étend sous la marche, qui ne s'arrête plus. Qu'au seuil de l'épuisement. Au bout de soi, au bord. La plaine n'a pas de fin — que la mer, lointaine. Dont on sent l'odeur d'iode, forte, les jours de grands vents. Où elle se noit : plaine agitée, flottant au large. Hél. n'est pas venue — il l'aura attendue jusqu'à la nuit. Jusqu'à ce que l'attente blesse. Plus que l'absence, au bout, qui l'étire. Nerf par nerf — serrant le cœur, et la tête, qui crient. La dernière rue qu'il prend — pour tromper son attente : semer derrière lui le doute qui le poursuit — donne sur les champs en friche. On ne va pas plus loin. On est arrivé nulle part. Quelques jardins disputent l'espace aux dépotoirs : vieux pneus, vieilles carcasses d'appareils ménagers, divans défoncés, lits tout rouillés jonchent les sillons, parfaitement alignés. Là-haut : le ciel s'étoile. G. pense : la terre s'étiole.

C'est là qu'il faut aller pour faire le vide : au bord des villes que le désert assiège, les champs en friche prenant d'assaut les rues. Pire que la banlieue : son inexistence — le vide interstitiel, l'intervalle de néant dur, solide, entre les immeubles et cette grande chose vague qu'est une plaine posée là au chevet de la ville comme une bassine où se vider le cœur. Gros, de tout ce qui se vomit, chaque jour, dans les cités au cœur malade. Ixe s'emplit du malheur de ceux qui l'habitent, y déversant leur trop-plein de peines. La nuit, elle va par ses impasses, au-delà des routes qui la ceinturent, tout dégorger dans la plaine : régurgiter le mal. Les environs d'Ixe sont une fosse commune, où viennent mourir tous les malheurs — les petits comme les grands — qui font une seule et même coulée de bile, dans quoi la Vive creuse ses berges jusqu'à la mer. Il en est là, G., à regarder le cœur d'une ville qui se soulève — se vomit l'âme dans les déserts de banlieue. Rien, lui, ne le soulage. Tout le lui lève : le cœur — le vide, le noir, l'odeur. La ville, derrière, sent le malheur ; la plaine, devant, remue ses relents : vents de misère partout, soulevant la poussière, les papiers gras, les vieux journaux souillés. Et le cœur de G.

Il faut la lumière tamisée des bords de ville pour voir clair en soi. Au centre, c'est toujours midi : qui écrase toute ombre. Seule la nuit, qu'on sent aux abords des lieux désertés, rafraîchit la mémoire : refroidit les sens. D'où la conscience revient : d'une vie qui nous est propre. Qu'on ne partage avec personne. Surtout pas avec Hél., dit G., entrée dans sa vie avec effraction, et aussitôt ressortie — après avoir tout détruit. Il n'y a plus, entre elle et lui, que ce temps mort d'un jour entier que leur présence l'un à l'autre n'aura pas rempli. Leur vie se vide de cette journée, qui fera un trou dans ce qu'il leur reste à vivre. G. ne voit pas comment on pouvait le combler : ce gouffre d'un seul jour qui grugerait les années. Pourquoi n'est-elle pas venue ? Que lui avait-il dit ? — qui l'aura fait fuir. Hél. était un *non*, désormais, que son absence criait, hurlait — dans une voix qui n'était pas la sienne. Qu'elle empruntait aux gouffres. Non : on ne lui enlèverait pas sa voix. Cette robe sur elle, dernier vêtement qu'elle pouvait porter. Sous quoi elle était nue. On ne retire pas aux gens leur raison d'être. Leur laissant la seule folie d'avoir été. Et de survivre à cette perte. Pour qu'ils la jouent sur scène. Elle ne croit pas à l'idée que G. se fait du théâtre

— et de la vie. Ce don de soi à soi — qui le refuse. Et demande plus. Cette façon de s'échapper : toujours plus bas, et de plus haut. De se laisser tomber, sur scène — comme dans la fosse, déjà. Que le théâtre incarne : pour nous désincarner. Nous ramener à la source commune de vivre et de mourir, une fois tarie. Un théâtre à bout de souffle, que G. voulait — chaque mot réduit en buée, couvrant la glace derrière laquelle on joue. Hél. devait être, à chaque spectateur, l'ultime image de sa vie : un visage embué par une voix secrète, restée en lui muette, enfouie, où il ne se reconnaîtrait pas — mais saurait enfin qui il est : d'où il vient, où il va.

Non : elle ne jouerait pas pour lui. Il faut, avait dit G., que vous donniez un sens à ce corps que votre voix vous prête. Et le sens, en vous, est un chant — même muet. Il sera trois jours sans nouvelles d'elle. Elle reviendrait, avait-elle dit. Et le lendemain. Mais d'une voix qui se refusait : le non montait jusqu'à ses lèvres — par où passait ce qu'elle disait, qui s'obscurcissait. Elle ne peut pas ne pas revenir, s'était dit G. : elle est l'écho qui lui revient de ses paroles jetées au gouffre. Le sens qu'elles prennent. Ramenant une réponse aux mille questions que chaque mot qu'il lui disait posait aux choses qui restent muettes. Il la revoit encore : quitter le théâtre. Tout ce qu'elle laisse dans son dos, dès qu'elle passe la porte. Elle rentre aussitôt. N'ira pas voir son père — chez qui elle n'a pas voulu rester. Il avait été si loin d'elle vivant que, mourant, cette distance entre eux ne pouvait s'effacer d'un coup. Il fallait franchir, pas à pas, ce qui les séparait : l'étendue du désastre que l'absence cause dans les mémoires. Ne pas sauter le mur : cette haute cloison de l'oubli qui met chacun dans son enceinte. Traverser le désert : sans hâte. Ménager ses forces, sa provision d'eau. D'espoir. Ne pas brusquer le souvenir, qui s'essouffle vite. L'impatience du présent l'assoiffe — assèche la mémoire. Rester un peu : au pied du mur. Attendre qu'il s'effondre — de lui-même. Laisser passer le temps. Et les vivants entre les morts.

Arrivée à Ixe, elle avait pris une chambre à l'Hôtel des Berges — avec vue sur la Vive. Ce qu'elle voyait couler devant elle passerait bientôt sous les fenêtres de G. — ce tronc, là, que le courant tournait et retournait, il le remarquerait peut-être : on dirait un noyé. La Vive avait été, dès sa petite enfance, le lieu au monde qui la consolerait de tout : elle y noierait ses chagrins. Toute cette eau effaçait les larmes qu'on y versait. Elle savait, toute jeune, de quels torrents la Vive était faite : depuis sa source. Et quels abîmes s'y creusent — ce lourd passé dans les montagnes, le long ondoiement dans la plaine où le torrent se fait remous : tout concourt aux gouffres. Son père lui avait dit le danger que c'était : d'approcher la Vive de trop près. Combien de poupées elle y avait jetées — pour voir. Et combien de cailloux qui faisaient un bruit de mort — quand le souffle s'éteint d'un coup. Dans le cou des chats qu'on serre, trop fort. La rivière se referme sur tout — Hél. y renfermerait ses secrets. Elle viendrait là, au bord, elle dit : regarder passer la mort, pour se consoler de vivre. D'exister jusque dans la peine qu'on avait à vivre — qui commence dans l'enfance : les mille petits chagrins qui vous pèsent sur le cœur, dont le corps se débarrasse comme d'un caillou, lancé au gouffre.

Elle n'était pas sortie de sa chambre. Qui avait été, pendant trois jours, trois nuits, la scène secrète, visible d'elle seule, où « mépriser » sa vie, se « consoler » de vivre. Les quatre cent trente-quatre sonnets de Chassignet à son chevet. Elle les lirait un à un, et à voix basse. Comme on murmure à l'oreille d'un mourant, penché sur lui comme sur un livre. C'est un visage qui s'y dessine : d'agonisant. Un masque, qui prend les traits d'un survivant, dont la vie s'efface, peu à peu, devant son portrait. Chassignet avait à peine vingt ans, et des poussières, quand il se tut, après avoir écrit en quelque six mois ses quelque six mille vers et cette terrible phrase, où il parle du chemin de sa vie comme du *glissoir de la fluante mortalité*. Ils répètent le même air, ces vers — glas froid, glauque. On sent le refrain dans chaque tercet, dans chaque quatrain. Où revient le bruit des pas qui rôdent, autour de soi, quand on n'entend plus rien, que l'on soupçonne le vide de s'adresser à soi, directement, sa voix tel un chapelet que l'on égrène, grain de sable par grain de sable dans le goulot du temps, la gorge serrée de l'âge, sa vie contrainte à un dernier rétrécissement, à un ultime étranglement. Hél. ravale sa salive à chaque mot — qu'elle sécrète bien plus qu'elle ne prononce. On n'épelle pas son sang — qui vient aux lèvres quand la parole émeut, blesse : il lui faut ravaler ces vers qui lui coulent de la bouche, aux commissures. Elle voit ce père, que la mort masque — d'un sang qui s'absente du visage, s'amasse dans sa bouche et coule bientôt aux coins des lèvres, avec une odeur étrange qui monte dans son souffle. Il lui dicte chaque mot, ce père, chaque vers, sans qu'elle le sache. C'est lui qui la met en scène : *sur le bout d'une ondante rivière (et flots sur flots roulant en mille et mille tours)* — comme l'écrit Chassignet.

Elle ne reconnaît pas sa voix, qui joue le rôle d'une autre voix. Et pas son corps, qui joue celui d'un autre corps. Le poème met un corps nouveau dans le sien, une voix neuve dans la sienne — qui sont sa seule façon de la mettre en scène. Scène intérieure, dont elle sera le théâtre. C'est en elle que tout se joue. Sa voix et son corps s'échangent leur rôle. Se jouent l'un l'autre. Son visage perd la consistance que son souffle prend. Ses yeux se muent en regard — qui les avale avec les images. Tout son corps mue : une voix telle une seconde peau. Depuis le ventre où elle prend son souffle jusqu'au bord des lèvres où elle le perd. Ses membres : étouffés par ses gestes. Son cri la reprend à la gorge, et ses caresses lui rentrent dans la main. Sait-elle où elle en est : jouera-t-elle cette pièce, ira-t-elle veiller son père, est-elle à Ixe, même, sur les bords de la Vive, s'appelle-t-elle encore Hélène L. ?

G. n'aura pas bougé : arbre lui-même au pied d'un arbre. S'enracinant. Il l'incarnerait : l'immobilité de l'absence où Hél. se terre. Il regarde au loin : le champ n'a pas de bords. Il n'y a de bouts qu'aux routes, aux chemins ; de bords qu'aux plaies, aux lèvres — au vide qu'elles montrent. La nuit est avancée — et avance toujours. Tombe — sur toujours plus de nuit. Elle non plus n'a pas de bout : qu'abîme sur abîme, qui donnent l'un sur l'autre. Au large : la mer donne sur la mer, infiniment. On est au large du temps. Il lui faut cette scène, à G., d'un espace que l'immobilité de la terre *éternise* — comme une photo l'instant. Hél. y traverserait sa vie entière — comme un fantôme. Et sa vie à lui, G. — devenue la même, presque. On croise les vies aussi, comme les chiens, les plantes. C'est dans les mots, dans les regards qu'on fait de tels croisements — que le théâtre appelle, accouplant l'être avec de l'être et parfois même avec le néant. C'est ce qu'il cherche, G. : une interprète à sa vie, qui la lui joue de bout en bout. Jusqu'à la fin. Chaque vie : la scène d'une autre vie — où elle se déroule. Non plus roulée en boule, mais bien debout. Dans le rêve d'un autre — qui vous éveille. Vous met en vie. En scène dans votre vie. Sa vie, à Hél., serait le théâtre de la sienne. Cette voix qu'il voulait tant, elle le chanterait : ce qui en lui restait muet — amuï.

On passe sa vie à attendre l'acteur qui la jouera. Il l'attendrait bien quelques jours encore.

Ixe dort tout l'été. Allongée — rêvant — sur les berges de la Vive. Ne s'éveille qu'à l'automne, qu'au printemps : avec les grandes crues, les grands vents. Elle se dresse — soulevée par la Vive, par le ciel, par tout ce qui se ligue contre elle. Mais une vague la fauche, un courant d'air la recouche. Elle renonce, se rend. Se donne. Elle hiverne, repose — à l'année. Couché, terré, on résiste à toutes les violences. Son père, à Hél., épouse ce mouvement : d'une ville qui n'existe que par bourrées, bourrasques — éveillée par la Vive, puis rendormie par elle. Un homme couché, que sa couche épouse. Un lit dans un lit — ce corps de drap, lourd de sueur. Que la peur drape, que borde l'horreur. L'effroi : devant cet autre côté à la vie, au monde, qui serait déjà ici. Une couche d'homme sur une couche de draps : une simple image imprimée là, dans un matelas. Et Hél. qui pleure et ne pleure pas. Qu'il ne voit pas gémir — comme il gémit, lui, dans sa tête et dans son cœur, qu'il ne sent plus. Le regard alarmé, que les larmes gardent pour elles. Enfermé là : dans l'âme des yeux. Retenu : dans le seul souvenir de la vue, quand voir avait un sens. Comme le corps : retenu au lit. Par les sangles de sa fatigue, les liens que trame la mémoire — avec sa vie, avec sa mort. Toutes ces attaches de l'âme au corps du lit — avec quoi l'on est *un*, et seul.

C'est une maladie d'homme, seulement, et pas un homme. Une mort d'homme déjà : à la place de l'homme, encore vivant, qui sourit de douleur. La grimace, dans cette face tournée vers la mort, c'est le sourire qu'il lui adresse : à Hél., et qui dans le mouvement des lèvres sera tombé — loin du visage. Du côté pile de la mort. Dans les tourments. Les rides le raccrochent, le retiennent — mais c'est un rictus qu'elles lui collent à la peau. Les paupières ne cachent rien des orbites vides. Les dents percent sous les lèvres, poussant la mâchoire dehors. Mastiquant l'air, toujours, à la recherche de mots, de souffles. La bouche ne ravale plus cette substance, âcre, qui coule d'entre ses lèvres, et les mains ne retiennent plus le temblement des doigts qui craquent comme les morts quand ils se heurtent, cherchant à s'étreindre pardelà le vide qui les sépare — les uns des autres, et des vivants, qui entendent leurs claquements, la nuit. Hél. fuit la plupart du temps : elle ne supporte pas que la mort l'observe à travers ces yeux — vitreux. Qu'elle la touche de ces mains-là — calleuses. Les mains et les yeux : caverneux. Des creux, dans le visage et au bout des bras — comme deux petites tombes, qu'aucune caresse, aucun regard ne fleurira. Non : elle ne le supporte pas. Elle rentre, se déshabille : le miroir de la chambre lui renvoie un autre regard que le sien — où il y a le corps et la voix d'une femme que la vie n'aurait pas quittée pour un autre corps, pour une autre voix, toujours. G. attendra. Que la vie reprenne sa place dans cette voix. Que la voix se replace dans le corps de cette femme dont l'âme s'est retirée — par la bouche, les yeux, qui n'ont plus de place que pour les larmes. Dehors, la rivière patiente. La ville profite de ce sursis. Le ciel reste allumé toute la nuit, veilleuse au chevet des choses. Dont le temps, ici, paraît compté — avec celui des hommes. Dans le grand rebours, qui fait tout remonter à sa source. Tout repartir à zéro. Vers cette seule chose qui soit encore possible — dont Chassignet aura fait l'unique motif des vers qu'Hélène L. répète sans arrêt : devant la glace et, par cœur, sur l'oreiller d'un père qui n'a plus de mémoire — soit, dit comme seul peut le dire un sonnet, un cri, une prière, *ce point qui n'est rien qu'une confle, un mensonge, un songe, une fumière...*

Ixe s'étend, bien au-delà d'elle-même. Épandue. Une flaque après la pluie, l'orage. Ornière grandie : aux dimensions de l'espace. Que le temps creuse. Ce qui reste, après le déluge : rebuts, relents. Retailles de rues et de maisons, mêlées aux reliefs de la plaine. Aux chutes — reliquats d'un monde découpé dans l'air, d'où tombe cette frange : Ixe par bribes. Accrochée à la Vive. Ce n'est pas une ville : une vie de pierre, plutôt, grise et qui s'effrite. G. l'entend : le mot *vil*, dedans, qui sonne comme son vrai nom. Rayé de la carte du monde, raturé d'un trait, aux couleurs de la Vive. Grise plus que le sang est noir, quand il a séché, durci. Tout, ici, rues et parcs, coagule — que la rivière remet en vie, tranchant les veines et les artères qui se remettent à couler, rouvrant cette plaie, en plein cœur d'Ixe, qui l'écartèle dans la plaine par larges coulées. La rougissant : rouillée, roussie. Coulisses d'un monde où tout s'écoule, s'écroule par le milieu et jusqu'aux pôles. Ixe se fond — on dit ici : à ses propres fonds.

Elle est la continuité de la plaine. Jusqu'en son centre, que la Vive coupe, balafre. On dit qu'elle est, cette rivière, la lame et la plaie. Entre la ville et ses environs : la ville encore et ses environs. Dans l'indistinction de quelque passage que ce soit : vers la ville ou hors la ville. Qui fasse qu'il y ait un dehors et un dedans. La plaine est dans Ixe comme Ixe dans la plaine : indéfinies. On n'en sort pas. Que par la Vive — qui tranche dans tout ça : avec le fil de l'eau tendu entre la source et la mer, que rien ne rompt. G. aime cette ville : qui ne s'aime pas. Se hait : étale sa laideur jusque loin dans la plaine. Où la Vive, hors de vue, emporte ce qui lui reste d'être. Vers cette fosse commune : la mer — son odeur d'iode, que les noyés sécrètent. On voit, au large, sa couleur ternir, basculer sous la ligne d'horizon, incolore. Comme la mort, une fois le sang tari, doit être inodore. C'est une ville que son existence déchire. Elle ne croît que sur ses ruines. Les membres en lambeaux, qui ont mal grandi : crû trop — trop vite. Dans le vide qui les sépare, coupés les uns des autres. La tête roulée aux pieds, le genou greffé à l'âme, et au bout des doigts : le pouls que le cœur perd. Dans trop de chair, qui l'étouffe. Dont la Vive charrie le sang — jusqu'au bout des ongles. Qui poussent, griffent la plaine. Déchiquettent les berges où elle s'agrippe. Se retenant de couler à la mer, tout à fait, quand les grandes chasses d'eau de l'automne, et du printemps, l'évacuent à coups de crues, de cette cuvette que la Vive creuse autour d'elle, où toute la plaine, an par an et d'heure en heure, descend d'un cran. Bientôt : l'altitude zéro. Bientôt encore : Ixe entière sous le niveau de la mer.

La vie continue — même au plus bas. G. presse le pas : ce matin elle sera là. L'attendra. Comme il l'a, lui, attendue — trois jours, trois nuits. On ne sait rien de l'attente : un vide — et qui s'étend. Toute Ixe attend. Pas de mémoire et pas d'avenir : une présence dilatée. Une dilution de l'instant : aux dimensions du temps. L'être étiré — dont l'existence dépend tout entière de cet étirement. G. se suspend : au-dessus de ses propres mouvements, ne bougeant pas plus que les doigts du marionnettiste au-dessus des gestes saccadés du pantin. L'esprit reste à l'arrêt, quand le corps court : dans tous les sens — cherchant la porte par où entrer, sortir. Se fondre aux courants d'air. Le temps nous brouille la vue des choses, quand l'instant stagne sous nos yeux, marais d'images, étang d'idées : fixes — figées dans cette gangue que l'attente fait de l'absence prolongée. Une courbe se dessine au-dessus de tout ce qui vient, arrive, et le retient — par le milieu. Dont le cercle s'étend. Rien ne tient que par ce centre qui épouse sa propre circonférence. On est à hauteur de temps, dans l'indistinct : passé, futur, compris dans le même présent de rien. Qui aveugle. La mémoire dilate les pupilles, le rêve les contracte. Drogue l'œil, mais laisse l'esprit clair. Qui fait tout briller : sous les larmes. Comme la voix sous le chant : le corps sous le vêtement de ses gestes les plus transparents. Hél. est là : assise sur le trottoir, les genoux relevés. L'attente est faite, aussi, d'un peu de lumière au bout d'une rue.

Ils n'ont pas un regard l'un pour l'autre. Pas un sourire. Pas de visage, presque. Et pas un mot. Ils rentrent en silence : l'un devant l'autre. En sortiront-ils ? — de ce théâtre qui sent le renfermé. L'odeur est forte, tout de suite : une morgue, ou un caveau. Une crypte, sans doute, où enterrer sa vie. Une vie de théâtre, déjà toute jouée. Hél. monte sur scène, sans se retourner. Va jusqu'au fond : contre le mur. Puis elle se met à déclamer, sa voix frappant la brique, que l'écho heurte à nouveau. L'écho : un mur qui fonce sur soi, menace. La voix fond sur sa proie. Décuple sa force : se multiplie, se répand par milliers. Un détachement de voix : chaque vers s'avance, ligne par ligne, à grands coups de bottes sur le pavé — pointe son arme, chargée à blanc, tire bruits sur bruits, fracas, boucan, qui vous blessent. Percent l'oreille du cœur, où bat le son — plus fort que votre pouls. On ne s'entend plus vivre, du tout. On ne s'entend plus que mourir : à petit feu et puis à grand. Dans le vacarme que cela fait : un cœur qui fend, grenade de l'âme dégoupillée, lancée à bout de bras contre le mur du bruit, brique contre brique, qui se dresse dans la tête, muraille de l'ouïe qu'élèvent dans la mémoire les rumeurs du rêve, jamais réalisé. Blockhaus de l'âme : murée. Bunker du cœur : touché — de l'intérieur. G. abdique, se rend. Qu'elle arrête son cirque !

...tu ne verras rien de cette onde première Qui n'aguière couloit, l'eau change tous les jours, Tous les jours elle passe, et la nommons toujours Mesme fleuve, et mesme eau, d'une mesme manière... Il l'a coupée d'un coup. Criant plus fort qu'elle : Non ! L'acteur porte dans sa voix le deuil des mots qu'il dit, crie. Au bord du silence — où ils tombent. Il le lui répète : que sa voix vacille, chute, trébuche. Laissez tomber votre voix — à son plus bas. Elle aime la terre — et l'atterré. Qu'elle doit relever. Soulever un peu — comme la tête d'un mourant. Pour lui donner à boire. Que sa voix se penche sur chaque chose, doucement, ou sur son ombre — gisante à ses pieds. Il est humble, le chant, qui se contente d'un son, d'un bruit — sans exiger le monde. Mer et monde : abandonnés. Baissez la voix jusqu'à vos genoux, à vos chevilles. Il faut que les pieds trempent dedans, dans une flaque — qui laisse le corps sec, le cœur et la tête libres. On traverse une rivière, qui chante entre vos pieds. Pas le vacarme d'un torrent : qui noie la tête et l'âme, dedans, broyée. Elle le sait bien, connaît tout cela : l'extrême violence du chuchotement. La force des sources, quand un filet, seulement, perce le roc. Il faut, pourtant, un mur contre un mur, que tous les deux s'effondrent — et la voix contre la surdité, qu'elle heurte. Cri de plomb contre oreille de plomb ; le mur du son contre le mur de l'ouïe : se fracassant — la voix criarde et la voix muette tombant dans les bras l'un de l'autre. Et s'affaissant, roulant dans leurs débris, dans leurs poussières et dans leurs cendres.

Après, on aurait tout le temps de balayer les restes. Dans le silence.

Elle se murait dans Chassignet, depuis trois jours. Enfermée, avec sa voix, dans chaque sonnet. Et cette image, aux murs, répétée cent fois, d'un père qui se mourait. Elle crierait contre les murs, les morts. Chaque vers fusant comme un dernier souffle de la bouche du père — rythmé par sa voix, à elle, qui lui rentre dans la gorge. Elle ranimera l'air au fond des mots — dont il a besoin pour vivre, survivre. Une oraison — pour un vivant. Chaque mot crié, prié, l'éveillerait à sa vie — quittée pour le silence. Définitif. Le sommeil des sens. Quand le corps s'étend de tout son long sur une dernière pensée — couchée dans sa nuit, que l'on confond avec la mort : son rêve réalisé — et son cauchemar. Hél. le lui dit : à G. — qu'on ne peut garder le silence dans de dernières paroles, qui sortent toutes des lèvres d'un père amuï, sevré de mots, se desséchant dans son mutisme, dont le cri seul le guérira. Qui fait venir les larmes aux yeux, aux lèvres. Il faut les pleurs aux mots : qu'ils ne roulent dans la bouche, ne restent dans la gorge — et sur le cœur. Elle dit : la bile, le sang des yeux — voilà leur être aux larmes. Et leur raison : donner à boire aux vers, de l'eau aux mots. Et la parole à l'air : limpide dans cette aridité. C'est allaiter les morts. Elle le nourrirait de mots : ce père sevré. À qui l'on a coupé la vie, les vivres — le boire et le crier, le voir et le manger. Le caresser des yeux, des lèvres. À quoi la peau n'est plus sensible, quand le cœur y est — plus que jamais. Sensible : comme l'âme aux dieux, qui ne nous touchent jamais. Il sort de sa vie, ce père — quand il y entre d'un coup, G. Il faut une violence de tout le corps : pour l'expulser et le retenir, cet homme puis cet autre, pour résister ou s'y abandonner. Que le sonnet sonne l'alarme dans tout le théâtre, et dans sa tête

— où s'éveillent les morts, et Chassignet dans sa tombe. Pourquoi lui avait-il parlé de ce livre — qu'il voulait mettre dans sa voix. Une tonne de silence, comme celui qui règne, implacable, dans la chambre d'un mourant.

Le poème, c'est ça: la mesure du sentiment — qu'il prend. Sa démesure. Une métrique du cœur — qui bat le vers plus vite, plus lent, violent. Il prend le poids de tout — qu'il pèse dans ses mots. Allège le monde de ses lourdeurs, qu'il prend sur lui: toutes — le poids du monde sur ses épaules. Poids d'air, poids d'eau: dilués dans le temps, le cours du souffle, sinuant. Il lance un mot, et c'est un poids de moins sur la conscience du monde. Un cri aussi — une pierre dans une eau morte, soudain vivante: ronde et qui danse, enceinte d'une chose, d'un rien, de ce caillou. Qui fait du bien à qui le lance: miroir brisé. Toute image brouillée: le lac avec le ciel, la rivière avec le vent. Sous un seul mot — dur comme la roche: violent. Tombé du ciel. Une pluie de cris: dans une mer d'orage — qu'elle calme. Et qui crépite: braise et cendre sous la flamme, et trop de fumée. Qui vous cache l'âme: le cœur du feu, son battement sourd — quand le poème souffle dessus. Poumons brûlants: bronches de feu dans l'arbre en feu du corps, essaimant morts sur morts — gagnant les membres par les organes et puis la tête, jusqu'où ça monte: cette flamme allumée au ventre, au cœur, qui brûlent de dégorger. Lave de mots, de cris, lavés aux boues. La vie vomie par là: les cordes vocales des phrases frappées à coups de glotte. Elle dit: pendant trois nuits, trois jours, elle s'est plongé dans la gorge deux doigts de poème pour se le faire vomir: le noyau creux — qui pèse sur le ventre. Elle est grosse d'un père qui se meurt. D'un amour naissant: une sorte de jumeau au père remue en elle, qu'elle couve. Il lui faut rendre dans le chant, par un seul mouvement de la voix que le poème contracte, et pousse jusqu'au cri, cette chose qui lui reste dans la gorge, sur le cœur : dans les entrailles. Rendre tout cela : l'homme et sa mort, à quoi l'homme naît, veut naître. L'un : dans ce théâtre de rien qu'il fabrique de ses propres mains, vides de gestes. L'autre, le père du vide en elle, de cette absence qu'elle est devenue pour lui, le père de sa propre perte comme père : dans le lit qui se vide un peu plus à chaque visite qu'elle lui fait, rouvrant le trou qu'elle aura été dans sa vie, où il se cale, se cache. Elle lui a creusé sa tombe — il suffit de l'y pousser. Comme un cri, trop longtemps retenu. Puis elle se tait, ne pouvant plus parler. Bouger sa voix — liée, sanglée. Dedans : l'énorme sanglot — qui prend la place des mots. Fait un bâillon avec. Et un bâton dans la gorge, où fouiller le silence. Fouailler dedans jusqu'à cette violence : d'un silence toujours plus grand où tombe ce qu'on finit par vous arracher à coups de dents dans la voix, à coups de sonde au ventre.

Il lui prend la main : elle la retire. Une main se demande, une main se désire. Ne se prend pas d'un coup. C'est dans la paume qu'ils laissent leurs empreintes : les corps qu'on a touchés, aimés. Et les paupières qu'on ferme aux morts. Les mains se donnent au bout d'un temps, seulement — comme l'amante à l'amant. Ce temps n'est pas venu, que G. précipitait. Il restait là, suspendu à une voix — qui se taisait. Après avoir crié : cassé le temps en deux — en mille. Fracas d'instants dont il faudra des jours, des nuits, pour faire de la durée. Du temps qui coule, lentement, comme la caresse d'une main sur une épaule. Le vide se recompose autour de ces instants : l'absence de suite, l'arrêt de l'heure. Une journée passe, et c'est un an, une seconde. Le temps ne se compte plus : tas de sable dans un coin. On se roule dedans, tournant sur soi comme étourdi par l'air que l'on respire.

Quand ils se quittent, le ciel est descendu si bas que la nuit ne peut tomber : étendue morte, déjà, en travers des rues, des routes — ombre plus grande, qui envahit la ville. Ombre du doute — qui s'épaissit. Il ne l'accompagnera pas : il veut marcher dans cette brume qui se prend pour Ixe. Il aime cette heure où la lumière se masque ou se maquille. On ne reconnaît rien — comme sur une scène, le théâtre omniprésent, qui vous prend aux yeux, tellement qu'on en perd la mémoire. Il ira voir la Vive : une ombre plus solide au milieu des ombres, qui les emporte toutes. De là, la ville paraît couchée en boule, se retournant dans son lit — pour en chasser l'insomnie. Elle finira par tomber dans la Vive, dans de vrais bras.

Hél. ne sait pas si elle ira le voir, ce père qui dort debout dans sa mort. Et le veiller : comme un enfant qu'on a — dont on ne peut se détacher. Ses yeux : si bleus derrière les paupières. Et son sourire vivant, au fond du sommeil. Elle sera pour lui, cet homme vieilli, l'homme jeune qu'il fut naguère, penché sur elle : l'enfant d'avant. Quand rien de leur vie ne les séparait : le lien du sang plus fort que tout ce qui tire dessus, pour le dénouer. Non : elle n'irait pas — prendra le chemin de l'hôtel. Qui la ramène à elle. La nuit, le père, G. : tout s'obscurcit. Elle ne veut pas se perdre. Son lit l'éclaire, au milieu d'une chambre, de l'autre côté de la Vive. Du côté du sommeil — où tomber, sans faire de bruit. Ne pas réveiller — qui dorment tout près — les mauvais rêves. Et cette mémoire, morte et qui pèse, dans l'insomnie. Lourde de désirs retenus plus fort que les souvenirs, dont l'enfance se crée chaque jour une vieillesse, une agonie.

La mort fait peur, dans la maison natale. Une haute demeure, pleine d'angles, que ses balcons et ses corniches suspendent au-dessus de la Vive. Immense : comme un homme pour une enfant. Toutes ces pièces qui ne servent à rien — où l'on range ses morts. Une mère vieillie d'un coup, qu'on vous enlève dès l'enfance. Le frère, la sœur, qu'on ne vous donne jamais. Et tous ces morts que l'on s'invente, quand on est seule. D'une solitude de grands, de vieux, de morts — que l'on fréquente dans ses jeux. Une solitude immense — comme une maison abandonnée. Avec un homme, dedans. Dont l'amour effraie — plus qu'une pièce vide, une cave ou un grenier. La solitude trop grande pour deux. Et le sentiment, tout le temps, qu'on n'en a plus... ce père, soi, et la vaste demeure qui tombe en ruine... pour très longtemps : un mois, un jour, une heure. On n'a pas la notion du temps, d'une vie — qui semblent déjà finis à la fin des jeux. Tout s'arrête avec cette poupée à qui l'on arrache les yeux. Avec ces cailloux qu'on lance dans la rivière, et qui ricochent sur les vagues, marchent sur les eaux, puis disparaissent. Toute chose disparaît si vite : une sœur imaginaire, une vraie mère — qu'il faut que la Vive emporte, ait emportées. On reste seule sur la berge — le regard rivé à rien que ce courant, qui grossit chaque jour de toutes ces choses, de tous ces êtres qu'il vous enlève, prélevés au monde. Au rêve. Le temps élit demeure dans cette maison : sans âge, sans heures. Il n'en bouge plus. Du plâtre — et qui craquelle. De grands murs blancs, sans images qui vous rappellent d'heureux moments, de tristes. Rien que la durée blanche. Des meubles sous des draps. Une maison bordée — dans son linceul, déjà. Fantôme plus grand que les fantômes hantent, la nuit, le jour, de long en large, de haut en bas — frayant leur chemin entre les pas, entre les regards des survivants : un père et son enfant.

Elle n'a pas changé. Vieillie un peu, seulement. Le cancer continue de la ronger, ses pierres noyées sous le lierre, ses balcons pourrissants. On entre par la grande porte, que le chambranle condamne — il faudrait prendre l'entrée de service, sur le côté, plus sûre. Mais les colonnes, le chêne massif, l'arche qui la surmonte : tout invite à prendre cette porte, même à ses risques. Sous le linteau fendu, le lierre qui étouffe et fera un jour tout tomber — fracas d'instants, débris du temps qui aura passé : dessus cette chose qu'il écrase, et tout ce qu'elle contient. Sur quoi pèse une éternité. Une maison lourde — autant que la conscience, que grèvent le silence, les mots restés en travers des mots. Une demeure que la mémoire habite seule. Elle reste là, jour et nuit. Arrêtée sur la même image — horloge détraquée. Celle d'un père et d'une enfant — sans avenir. Qu'un immense présent avec sa porte massive, ses grands murs blancs, la longue galerie qui court autour et la haute clôture qui emprisonne le temps. On entre dans un souvenir qui dure : une mémoire si vaste qu'elle inclut jusque le moment où l'on pénètre avec Hél. dans le vestibule, puis au salon, monte ensuite à l'étage et traverse le long corridor jusqu'au fond, ouvre enfin la porte entrebâillée de la dernière chambre, tire le rideau sur l'unique fenêtre, qui donne de biais sur la rivière et nous éclaire le lit défait, les draps pendant de chaque côté du corps : dénudé, respirant mal. On reste là, dans cette image gelée. On voit trembler les membres — le mal, dans le corps, qui fait son sale travail. Il ne prend pas de repos — ne laisse pas le corps en prendre. On veut chasser la mort de ce gisant — on s'en approche un peu. La proximité des vivants l'éloigne, à peine. D'un pas ou deux. On remonte le drap sur la poitrine qui bat, trop vite. On relève l'oreiller que le crâne dans la tête écrase de tout son poids. Le visage rentre dans les orbites des yeux, dans le rictus des dents, dans les os des joues, du front. Puis on lui prend le bras, à l'homme qui dort, mort de sommeil. Ça le ressuscite — un peu. Le pouls bat plus calme. Mais on sent, dedans, que la vie s'affole — encore. S'excite devant la mort. La peur transpire dans le poignet, sous la pression des doigts. Le geste change : c'est une caresse déjà, qui replâtre le bras, le corps, que le sommeil aura rompu. On chantonne — pour le son de la voix, seulement, qui tient éveillé. Maintient en vie le cœur au bout du chant. Le serre, le masse, tout en douceur. Mais on finit par se taire. Par repasser la porte avec plus de silence que n'en contient la chambre désertée, laissée à elle-même. Derrière : ce demi-cadavre au-dessus duquel rôde l'ombre des rapaces qu'on voit dans les déserts fondre toutes griffes dehors et le bec ouvert sur le visage et sur les yeux, d'abord, de ceux que le bout de leur vie aura atteint, prématurément.

Une maison vaste. Comme une enfance trop grande, qui ne vous fait pas. On flotte dedans. Tel un noyé dans la Vive, un mourant dans ses draps, les morts de soif dans le désert de leurs bras. On reste nue dans ce vêtement : d'une enfance ample comme une vie. D'une enfance de grande — où l'on se fait petite. Nulle, absente — enfant de trop. Enfant qui manque — à sa propre enfance. Il y a un trou, dedans, où toute la mémoire s'engouffre : avec les jouets, les robes, et les poupées. On est dans une Vive à sec, qui noie plus dur.

Tous les souvenirs avec, qu'elle vous passe au cou — cailloux qui calent et vous enfoncent. Au fond : le sable plat, où l'on s'enlise. Sa chambre, à Hél., est encore rose, que le temps ternit. Vieux rose et qui vieillit. Son lit est là : de cuivre que le temps patine. La durée vit, partout. Parasite tout. L'âge s'empare des murs, des meubles, des choses restés là sous la pression du temps. Ce poids sur elles. Les rideaux flottent, roses dans le rose — un aquarium : d'air, de fleurs. La fenêtre est une Vive debout, liquide et claire. La lumière entre, comme un bâton dans l'eau. Bifurque vers le lit : s'y couche, en travers des draps. Il n'y a pas d'enfant, dedans, restée dans l'ombre. Avec l'enfance. L'enfant est sous le lit, peut-être. Qui se cache de quoi ? de qui ? Hél. ne voit plus qu'une chambre vide : sans père qui embrasse sa fille, la veille. Rien que du rêve — et sans personne qui dorme. Un rêve, dont on ne distingue pas les images du souvenir — qui jaunit tout. Même le rose. Sépia du temps — du jour qui entre par la fenêtre comme un vernis sur l'âge de chaque objet : une vieille photographie, le miroir-jouet, le pantin de bois peint, cette rose de tissu rose qu'une invisible main aura froissée, flétrie.

On est aimée d'un amour trop grand. Puis on vous laisse : à vous-même, dans cette ampleur. Dans cette énormité : l'étendue du désir jamais comblée. On se sent petite : un jouet, un rien, une poupée — jetée à la Vive. À la dérive. On joue avec son ombre, et son image dans un miroir : on parle à sa voix, on n'écoute que son cœur. Il bat le temps, seulement, le jour et l'heure, jamais la vie. Qu'on ne sent plus. D'autres sensations, par tout le corps, remplacent le sentiment de vivre. La sensation du vide que creuse une main qui se retire — et tout ce qui reste, après, au milieu du ventre : un manque qui pousse de l'intérieur — un chancre, une excroissance. L'enfance croît d'un coup, précoce comme une vieillesse qui s'en prendrait à l'âme, avant d'atteindre au corps. Une crue — rapide et sans retenue, qui vous déborde : le corps trop juste. La peau tendue sur le désir, trop grand, qui la distend, l'étire. La chair dans quoi le vide s'acharne, l'ouvrant par le dedans, béante et qui bâille : tel un vêtement — laissant voir l'âme, dessous, par tous les bords. Le cœur à nu. Visible, à perte de vue. Un corps comme une vision — sous les yeux qu'un père ouvre sur soi plus grand que deux bras d'homme qui vous serrent comme on sauve de la Vive une âme qui se noie, puis l'y replonge.

On est portée dans ces bras, qui vous laissent tomber. Dans d'autres, plus grands, plus forts. À mesure que les caresses, dedans, s'approfondissent. Comme la Vive creuse son lit sous le mouvement des vagues. Des courants de fonds — de plus en plus vifs. Qui draguent, échancrent. La main évide ce qu'elle touche, où le néant s'engouffre. Une fosse, qui appelle l'air, comme le remous appelle le remous. Une spirale, sans fin, vrille le ventre. Une vis dans le corps, au milieu des reins. Toupie de la caresse, étourdissant la chair — faisant tourner le cœur. Soulevé — vague par vague. Fluant sur le bonheur. On a vomi sa joie, brisé ses jouets. Chaque geste, dans ce bonheur, éventre une poupée — lui arrache les bras. On reste plongée dans son lit. Comme au fond d'une rivière le pantin démembré. On ne vous borde plus — on vous laissera nue, tristesse exhibée. Deux grands yeux ouverts sur rien, deux petits bras qui se referment sur soi — ce creux au milieu du ventre, par où le vide rentre à la vitesse des eaux de la Vive dans leurs gouffres. Hél. referme la porte. La chambre rose noircit — de l'absence de jour, partout. Du soir. De la nuit sans rêve. Sans trêve. Une substance froide, qui coule en vous au lieu du sang. On voit depuis le regard des morts, noyés dans leurs yeux, d'un bleu profond qui touche au noir le plus transparent. On se voit dans le miroir du temps, de l'autre côté duquel on est une enfant.

Elle ouvre cette porte chaque fois qu'elle va voir son père. C'est un flot de souvenirs. Et un naufrage — de la mémoire entière. On échoue sur une plage, une île, où l'on est seule à vie. Des lieues, des nœuds séparent cette chambre de l'autre, celle du mourant : deux continents à la dérive. Un océan passe entre les deux — qui creuse le vide. Mais cette maison a ses passages secrets. Ses vases communicants. Toute une mémoire cachée, derrière les portes, les murs. Les deux chambres sont contiguës — deux corps dans le même lit. Par-dessus tout, le long couloir et les cloisons. Une même main, un lien de sang, de chair, dedans, tient l'un près de l'autre le père et son enfant, la chambre grise et l'autre rose — dans le même noir, profond, une même nuit d'ombres qui tombent sur vous comme le regard des morts sur les vivants.

Hél. ne se rend pas jusqu'au lit gris. Laissé dans l'ombre que son père fait : de plus en plus sombre, de plus en plus froide. Elle repart parfois, silencieuse, sans ouvrir la porte — qui claque dans sa mémoire. Elle vous repousse, cette chambre forte, cette chambre noire. Haute comme un homme, large comme les bras d'un père et l'absence de femme, dedans, que l'on doit combler. Le corps d'une mère qu'il faut ressusciter : dans cette chair blonde, plus jeune que le commencement de la mort dans l'âme, qui laisse partout des traces — la nudité de l'être couverte de rides, l'enfance cernée. Hél. marche le long de la Vive, avant de la franchir. Cette frontière d'eau entre elle et lui, ce père qui se mourait, la rassure d'un coup. On n'est plus du même côté ; leurs lits à jamais séparés. Ce grand lit de la Vive passe entre eux comme la mort entre les mortels. Le flot des noyés dans le flux des vivants — qui restent sur la rive. De l'hôtel, penchée à la fenêtre de sa chambre, elle aperçoit encore la haute façade noyée dans l'ombre — bloc de nuit dans la nuit, à l'ancre dans ses fonds.

Souvent, elle reste à son chevet. Regarde son visage, que ses traits creusent et changent en masque. La maladie tire sur les rides, de plus en plus fort. La mort afflue, affleure, draguée au fond. Vase des yeux, hauts-fonds du cœur. Elle reste là des heures : à observer la mort, derrière ce regard, fermé sur la douleur. Puis elle rentre, sans un mot. Sa voix tassée en elle, membre de trop, coupé du corps. Ses yeux sur ceux, cachés, du père : taies sur ses lèvres, qu'elle ne desserre jamais. Elle y perdrait la parole : à le regarder de si près. Elle revient chez elle les yeux rougis — par tant de veille, qui rallume dans la nuit des feux, souvenirs à vif. L'œil est escarbille, saute çà et là — sur les yeux fermés, la bouche ouverte, la poitrine soulevée par le cœur qui veut sortir, les grandes mains blanches qui veulent rentrer dans le corps, l'âme entrouverte de l'homme sur qui la nuit sera tombée, foudre noire. Quand elle le quitte, aux petites heures de l'aube, ce cœur, ces mains, ces lèvres et ce regard restent sur elle — autant de plaies que l'on attrape, contaminé. Elle les emporte : ces membres et ces organes qui tombent de l'homme chaque jour un peu plus. Et collent à elle, pour qu'elle les prenne. Leur redonne vie, avec un sang nouveau. Qui coule dans la vision, dans la parole, veines refaites — âme d'homme dans un corps de rien. Quand elle le quitte, elle veut que la mort la suive. Le lâche, cet homme vaincu, sur qui elle s'acharne. Elle la prendrait avec elle, la maladie mortelle. La mettrait dans un sonnet : les mots de Chassignet résonnent dans le vide que sa voix creuse, couchée dedans telle une enfant que rien ne borde, exposée là comme les morts dans leur dernier lit, les mourants à leur dernière heure.

Le théâtre couve un mal, aussi, qui le ronge. On en est atteint. Le mauvais air, la moiteur des lieux, comme une main, nerveuse, qui se referme, et vous empoigne. La malaria des chambres : des bouges, des bauges. L'empois du temps, dedans, poix lourde de la mémoire tombée sur tout, empesant l'heure, empoissant l'air, qui ne passent plus, figés sur place, nuage épais, gros d'orages qui se retiennent. Brouillard opaque — qui vous prend à la gorge. Ne vous lâche plus. Qu'à bout de souffle, de force — sans vie, sans voix. La température grimpe : le long des nerfs, des veines. Il fera chaud dans le froid. L'humidité glace le corps que le cœur brûle. On est nu dans cette moiteur, qui colle à l'âme. On ne le supporte plus. C'est un bâillon sur votre vie, sur votre voix, tout intérieures. Imbibées d'air, rance — touffeur, jusqu'au silence. Tout transpire : mots, regard, souffle — d'une même sueur. On se tait, et le sens des mots qu'on ne dit pas vous sort par la peau, les pores. Ou se tient là, au bord des lèvres. Trop de silence vous presse. D'exprimer tout, ou de vous taire. Une seconde peau : ce sens qu'on prend, comme l'apparence d'un corps que l'être le plus secret, au fond de soi, exhibe, dévêt. On est gêné par tant de nudité — qui ne rapproche pas. Le corps de l'un voile l'âme de l'autre, qu'il couvre de gestes et de caresses. De bras, de mains, qui la revêtent d'une chair où il fasse moins froid, moins chaud. Qu'en soi — qui brûle. Glace au cœur, où les désirs se figent. Leur nudité les repousse : l'un de l'autre. Les éloigne — dans leurs vêtements de ville, sans pli, sans tache, dont ils restent couverts. Costume de théâtre, qui pèse sur eux de tout le poids d'une gêne, dans le corps, troublé par cette présence, face à face, trop forte, trop grande, qui va jusqu'au malaise, la contagion du mal gagnant les yeux, la voix, qu'il fait trembler de froid, de fièvre.

Un lien se noue, qui les entrave. Un lien de sang. Qui sangle. Ils sont de la même famille : d'esprit, de corps. D'une même souche, déracinée. L'hérédité des gestes, de la voix — des mots aussi, qui remontent plus loin —, les rapproche d'une même origine, lointaine, d'où tout découle. Un même sang : dans les mêmes veines. Rien n'échappe à ce lien, pas même ce qui pourrait le rompre. Un même réseau de veines : d'un corps à l'autre. Le cœur de l'un pompant le sang dans la tête de l'autre, et son poignet. Lacis que le vide tranche, parfois, artère par artère. Trame serrée du sang, unique, irriguant un seul et même cœur, dont tout le théâtre bat. Il lui prend la main et c'est un sein, déjà, dans la sienne. Toute intimité franchie : d'un coup, d'un geste. Allez-y, Hél. : traversez la scène comme si le monde qu'elle représente venait de s'effondrer. Laissant la vie à votre seule voix. Vague souvenir d'une ville anéantie, dont le cœur continue de battre dans votre souffle. Que le poème, clamé, fasse le vide autour de vous, mais un vide vivant. Un vide qui se survive — dans un vide plus grand, qui le creuse. Dont la parole et le chant vous gardent. Vous tenant au bord. Vous marchez sur un fil. Vous chanterez sur un fil plus mince, fragile. Un lien de peu, ténu, entre chaque moment de votre vie — et la nôtre. De l'autre côté de la fosse. Les spectateurs n'espèrent que cela : la fin, le faux pas. Chaque mot tombe dans l'oreille comme le rideau, déjà, entre la salle et vous. Couperet : de l'épaisseur d'un silence. Chaque vers : le fil coupé entre le monde et vous. Qui vous libère de tout, du temps. Cordon ombilical que vous rompez : avec la vie. Vous n'êtes plus sur scène, mais dans votre seule mémoire : toute nue. Hél. fait quelques pas, dit quelques vers, tourne les yeux à gauche, à droite, derrière — dans l'étourdissement, le tournoiement des mots qu'il lui lance, des regards qu'il lui jette. Comme en pâture — aux fauves. Qui vont et viennent dans leur cage. Le vertige la prend, l'attire. En proie au vide. Qui ouvre grand sa gueule — ses crocs, puissants, prêts à se fermer sur elle. Elle perd connaissance, que la folie lui prend : toute. Enlève. Une robe, dont on la dépiaute. Une voix qu'on lui dérobe. Sa conscience nue sur le plancher. Et Hél., dessus, vêtement inutile, rejeté, déchiré là, en mille lambeaux. Les planches brûlent, dessous, qui portent ce corps sur leur bûcher.

Ça la prend, parfois, ce malaise du corps entier. Le cœur lui tremble, qui ébranle la voix — la casse. Comme le fil qui la retient, pantin de verre, debout dans son décor, vidé. C'est cette cassure que G. mettrait en scène. L'évanouissement, que chaque sonnet de Chassignet rythmait, mimait : un bris de verre. Vous marchez de long en large — et votre vie défile. Elle se défile : dans un silence, dans un faux pas. Fuit. Le fil des mots, de votre vie : débobiné. Ce tas de ficelles pend à vos pieds — qu'il lie. Vous vous empêtrez. Attachée au sol. Vous vous laissez tomber, et nous laissez tomber. Cet abandon, c'est ça que nous cherchons. Ce mépris, et cette consolation. Il la relève, après. La ranime d'un mot, d'un geste. Elle était morte, mais pas pour vrai. À deux pas de la vie, seulement. À côté d'elle — à son chevet. Elle sera bientôt sur pied. Se rappellera de G. : cet homme qui la serre de près, dont les yeux plongent en elle plus creux que la mémoire. Où l'on perd conscience — et le souffle. Dans ces profondeurs : tout lâche, tout tombe. Apnée du cœur, plongé dans son propre sang — sans fond. Il ne faut plus, avec elle, descendre aussi bas. Hél. le lui dit : Il ne faut pas, comme ça, qu'il joue avec sa vie. Elle le savait : ce n'était plus le théâtre que G. cherchait. Il était bien au-delà : dans l'étiolement des villes où les théâtres tombent en ruine.

Ixe peine. Dans l'arythmie du cœur, en elle, qui ne bat plus, que par à-coups. On arpente ses rues, traquant les trous. Battue contre le rien, qui la gagne — de l'intérieur. Il faudra bien, une fois pour toutes, chasser le vide du cœur de cette ville — ou l'enfermer ici. Dans ce théâtre. Où elle ne risque rien. Tout y est feint : joué. La mort elle-même y est un jeu, et le vide, entre les gens, un jeu aussi. Où respirer enfin. Les villes se décomposent — vivant la vie des morts, en elles, qui se cachent — sous l'apparence des vivants, des sursitaires. Ces gens de peine et de misère qui sont leurs propres restes. Et vont dans les rues la paupière lourde, le cœur et le corps clos. L'âme repliée : une pile de draps dans un placard — qui ne servent plus. Ils croisent leur ombre, qu'ils reconnaissent à peine. C'est leur image dans le miroir qui parcourt ces rues : en quête d'un visage dont elle serait le reflet — vivant, mourant. Des passants, réduits à leur passage. Et sans passé, aucun. Du présent mouvant, ou une absence bougée. Cette eau que trouble, à la surface des rues, le pas qu'on traîne, péniblement. On veut que la rue s'ouvre — autre mer rouge. Qu'elle nous découvre ses fonds — où reposer. Franchir la moitié de sa vie : d'une seule enjambée. S'étendre au milieu — attendre que la vague déferle, et se referme. Mais on marche sur les eaux, insensibles à notre poids. Quantité négligeable, tache d'huile — qui flotte sur les vagues.

Ixe n'existe que dans la tête des Ixois — qui n'y pensent plus. Marchent en elle, à travers elle, comme si elle n'existait pas : une ombre à leur pied, une trace, invisible sous leurs

pas. Le bruit qui reste, dans l'oreille des sourds, du martel-
lement des foules sur le pavé — quand viennent trop vite les
grandes crues. Que toute la ville est évacuée. La Vive prenant sa place. Prise et puis reprise : par-derrière, par-dessous.
Elle n'a plus d'âme, qu'on lui a violée. La rivière se retire,
comme un corps d'un corps. Laissant cette grande chair nue,
dépouille à vif. Dans la boue du lit. Qui se roule en boule.
Pleure toute la nuit. Le jour sèche ces larmes avec du sable,
du temps, dont les grands vents frottent ses yeux rougis. Elle
n'a plus rien à voir avec être. Ni même avec avoir été. Vivre
ne s'applique plus à elle, qui est ailleurs — sur une autre
scène que celle de sa propre histoire. Qu'on ne raconte pas.
Elle est dans un théâtre abandonné, dont les ruines l'assiè-
gent. De l'intérieur.

Les vrais théâtres sont dans les villes mortes. Pas de
scène qui ne soit l'entrée d'une vaste nécropole — que la
voix et les gestes de l'acteur raniment de l'intérieur. Ixe : les
coulisses à ciel ouvert d'un théâtre qui la retourne comme un
gant. Les chambres et les maisons, le théâtre les vide de leurs
occupants — comme on déterre les morts, fêtant avec eux
l'anniversaire du temps. Il faut, à Ixe, jouer avec les morts
qui la hantent dans les vivants. Les faire monter sur scène.
Compter avec eux, composer avec eux : leur écrire leur vie,
à rebours du temps.

Il la regarde à peine, Hél. Absorbé par ce qu'il dit. Vive
bue — l'eau haute, avalée toute, après, par les rues, les parcs,
les places. Imbibés d'elle — comme d'un sang neuf, qui coagule, précipité. Il continue de se parler. On ne parle qu'à soi
— prenant les autres à témoin, seulement, de cette
solitude-là : le soliloque, le théâtre. L'acteur ne vit pas, sous
son personnage. Qui lui prend tout : la vie avec. Il meurt sous
lui, lentement. Durant la pièce. Une agonie, qu'on veille. Il

est dans son lit, sur scène. Et le rideau se lève comme on tire le drap sur un corps nu, glacé — pour une ultime reconnaissance. Oui : c'est celui-là — cet homme, cette femme, qui nous incarne. Aucun signe particulier : l'indifférence générale. L'égalité devant la mort, le mal. Une même souffrance sur le visage, un même visage à la douleur. Il porte la dépouille de chacun — son deuil. C'est un même fardeau. Qui courbe le dos. Quand il s'incline devant nous, ployant sous son personnage. On le voit plier, céder sous le rôle qu'il tient, parfois, de sa propre vie. Dont il porte le poids de silence dans la voix, d'inertie dans les membres, en une seule parole, en un seul geste : définitifs. Qui l'achèvent. Il reprend vie après — la pièce finie. Quand le rôle qu'il joue la lui rend — méconnaissable.

Ixe se prend à son propre filet, dont les mailles se desserrent. Entre lesquelles tout passe, qui n'est plus retenu. La trame des rues de plus en plus lâche, le nœud des places qui se dénoue. Elle tombe dans son propre abîme — sur quoi l'on marche, en équilibre, comme sur un fil. Ils errent dans la ville une partie de la nuit. Se retiennent à ce fil, qui fuit, du pas qu'on met l'un devant l'autre — pour enfiler le temps, la vie. Chaque instant par le chas des rues, le trou des places, qui s'ouvrent et se referment comme la bouche d'un homme, à l'agonie. Et les poumons dans l'asphyxie. Ils se prennent le bras — qui pèse le poids du corps entier sur l'épaule, grevé de gestes qu'on ne fait pas. Retiennent, dans leur tête, le sens des mots qu'ils n'osent pas dire — de crainte qu'il fuie. Retenant le moment où tout sera dit — qui continue de se taire, après, longtemps. Ils croisent les terrains vagues, les chantiers de démolition — qui poussent dans Ixe, on dit : comme des champignons. La moisissure des villes : bas-fonds qui remontent — avec ses noyés de boue, et de poussière. Toute la misère en concentré. Dans ces décombres où faire un lit : de vieux journaux servant d'abri. Une bombe a sauté, qui n'est pas tombée sur la ville mais remontée d'elle depuis ses fondations. Qui continue de fendre, et d'éclater. Tout l'édifice en tremble, et les hommes qui l'habitent — à ciel ouvert, dans ce vaste courant d'air que les rues deviennent : une ville faite de vent. De rien. On entend quelqu'un chanter, d'une voix qui couvre à peine cette longue détonation, venue de la Vive — son train d'enfer toute la nuit. On ne sait pas la quantité de silence qu'il faut pour enterrer ce bruit, qui prend la tête pour abri : sa chambre d'écho, sa caisse de résonance. Un silence plus vaste que la mémoire : un terrain vague aux dimensions de la ville entière. Un océan — qui calme la rivière. Quand il la laisse à son hôtel, Hél. a ce mouvement des yeux qui donne au regard une vie qu'on lui arrache. Ce sont des yeux qui emportent ce qu'ils voient avec eux, comme une vie qu'on prend au monde devant soi, à l'état de veille, parce qu'on en manque pour passer la nuit.

Elle regarde la Vive : son cours qui va, grugeant les rives. L'eau mord dans Ixe, paraplégique, qui ne bouge pas. Enfoncée là, jusqu'à la taille, le bas du corps dans la tombe, déjà, le haut comme une croix, un monument, planté dedans. Rien n'y fait : le temps s'est arrêté — dans la durée des rues, des places, des quais, que la rivière délaisse. Laissés à eux : à leur éternité. On n'accompagne que les mourants. Ixe est morte depuis longtemps. Le ciel tombe dessus, rideau de scène sur un dernier décor. Catafalque aux plis de pluie, de vent. On est à gauche du temps. Dans l'occident de l'heure. Quand tout couche, de l'autre côté de la terre, avec l'éternité — et que ça donne la nuit. L'absence de seuil entre le sol et le ciel, plus opaques, et durs, que pierre sur pierre dont on bâtit les murs — le cœur immobile des villes, après l'infarctus. L'insomnie, partout — l'angoisse paralysante, qui envahit les rues, les places, l'immense lit vide d'une ville qui dormirait debout, fixant ses rêves. Ciment du temps, béton de l'air. On ne respire plus que l'haleine lourde de ceux qui dorment dans leurs fièvres. Leurs lèvres suintent, qui restent closes sur un silence. Serrées, comme leur cœur, que ses veines étouffent. Pas un souffle : un asthme de pierre, tous pores bouchés. Ixe, asphyxiée, appelle l'air. À l'aide. Appelle la mer dans la Vive qui crie, bouche ouverte sur de l'abîme. Qu'il faudrait combler, désir à vide. Hél. le voit : le bouche à bouche du ciel et de la terre pour la sauver, la ville malade. À bout. Qui n'ouvre pas les lèvres, détourne la tête, s'incline vers le couchant. Son grabat sombre, creusé dans la glaise. Foré dans le glas : la glu du temps où tinte le silence, pluie sèche sur le pavé. Hél. longe la Vive. Suit le courant, que la terre remonte sous ses pieds. La rue va, et toute la ville, à contresens du pas qu'elle presse : dans le reflux. Puis elle est là : devant la maison natale, dans cette impasse. Qui lui fait face. La dévisage. Son père dedans : au fond des chambres — au bout du temps. À l'origine, au commencement — la fin du monde, dans un instant.

Il ouvre les yeux, parfois, et la bouche sur son souffle — manquant. Manquant terriblement. Quelques mots passent, et un regard. Franchissant à rebours l'Achéron muet, le Styx aveugle, la Vive sourde qui le coupe de tout — et des vivants. Mots de passe, qui ne passent pas. Butent contre la rampe. S'accrochent aux lèvres — silence et cri : déchirants. Ils disent le mal qu'il a, qu'il est. Le corps qui souffre — du dehors, du dedans. L'âme tel un cancer — plus grand. Qui prolifère. Prend la voie des nerfs, du sang, pour envahir la tête — tout l'être : sa vie, son temps. S'attaque à la mémoire — qui se défend : pousse des cris, dans l'étouffement, l'oubli, paume de qui ? posée sur sa bouche, pansement sourd contre la plaie des lèvres, qui se desserrent lentement. Sur un mot — qui les force, pénètre l'air. Il est un oiseau dans l'eau — ses bras inutiles, le long du corps : des ailes de trop. Pas d'étreinte où nager, entre deux bras, deux mains, qui vous ramènent à la surface. Il est un poisson dans l'air, la bouche cherchant le lait, le sang, la grande liquéfaction du monde. La mer au bout des eaux, des fleuves — la mer sous les sources. La grande liquidation. Il est un poisson sur terre, il est un oiseau sous terre : son corps sous son corps comme un cercueil, son corps sur son corps comme un couvercle.

Parfois, il cesse de mourir. La mort régresse. Rebrousse. Le mal se retire. Le temps, d'un coup, s'est étiré : il aura la vie pour vivre ce qu'il lui reste à vivre. L'éternité lui est comptée — qui coule, s'égrène : grains d'âge, gouttes d'heures. L'enfer et le ciel vivants. Un infini d'os, de chair, qui le tenaille. Serré dans le vide, violent. Voilà qu'il se desserre : l'étau du temps. Qu'une soupape, ouverte, calme l'étuve du temps, fiévreux, pressé d'en finir. On respire mieux. Une rémission, mais courte : le temps que la mort reprenne son souffle, son chemin dans le corps. Jusqu'à l'âme, son point de départ — à quoi elle revient. Son dû, ce don d'un but. D'une fin. À ce qui naît, connaît le jour en pleine nuit. Connaît la vie dans l'ignorance où elle va, aveugle, de plus en plus mal. La mort revient à l'âme, qui l'a donnée au corps — qu'elle quitte, depuis le premier jour. Puis l'homme cherche, au fond de soi, à se lever : sortir du lit de ses membres morts, endormis sous lui, profondément — des pierres, des algues dans la boue des fleuves. Il a besoin de toutes ses forces et plus — des forces du mal — pour ouvrir les yeux, la bouche sur ce monde de plomb — cette vie : au-dessus de ses forces — d'où son regard retombe, avec les mots qui ne lèvent pas de sa voix. Une colle — dont tout, le corps et le lit, paraît enduit — retient la vie de bouger dans ses membres, le sang dans ses veines, qui sanglent la chair sur le châlit. La mort se meut au ralenti. La vie aussi. Au rythme lourd : du cœur qui se retourne, roulé en boule. Il bouge à peine. Ne bouge que dans sa peine. Les vagues déferlent sur le cœur, le rocher dur et qui s'effrite sous la marée du sang, battu par la tempête : le temps qui presse. Pendu au bout des membres, inertes, ballants. Que le pouls étire, un long moment. Avant de tout éteindre : l'ampoule du cœur, du sang, plus noire que le malheur, trop grand. Où il se meurt, l'homme que sa vie tue, les mots et les images qui l'habitent pesant sur lui telle une taie, immense, dont son âme se vêt, écorchée, dépecée, peau neuve, mue brusque : le visage de la mort sur le crâne des vivants — monde au masque, temps au loup, durée voilée. On ne meurt pas nu. Couvert de nudités, plutôt, l'une sur l'autre comme un linceul, multiple — toutes les peaux dont on a changé, sa vie durant, sa mort durant, voilant le corps et le drapant.

Hél. le regarde : ce meuble couvert de blanc dans une maison déserte. Un père de draps, qui se met à bouger. Lever le voile. Le visage apparaît, sous l'âme à demi morte qui le couvrait : deux yeux, deux lèvres donnant une voix, un regard, multipliés par mille mots, mille images qui ne sortent pas, grossissent de l'intérieur l'œil et la bouche n'en pouvant plus de larmes et de salive, où coule un peu de silence, seulement, dans la noirceur qu'il fait autour : cerne de nuit, aura d'ombre — car le silence se répand partout. Comme la peste. Tout est atteint : les murs sourds aux fenêtres qui les percent, à la lumière qui vient de derrière les rideaux frapper l'angle où le lit se rencogne avec ses morts, les meubles tendus d'ombre solide, engoncés dans leur mutisme, l'air inerte, et lourd, de la pièce où règne le bruit blanc d'invisibles mouches dont les futurs cadavres s'entourent, et Hél. qui prie : qu'il ne meure pas tout de suite, cet homme dont elle n'arrive pas à se souvenir. À se défaire. À se défaire du souvenir.

L'homme crie, d'abord, dans le bâillon des lèvres — que la douleur resserre. Le sang monte dans le souffle — depuis le ventre où la mort bout, baignant la voix. Le son de terre, de vase. On ne respire que ce sang, dans l'absence d'air, que le râle sature. Les mots hors d'haleine, sortis du cœur, par les artères, coupées au cou, à hauteur de gorge, comme une bouche cousue, qui se découd. Une bouche de plus, où entendre le cœur geindre. L'égout des veines, des nerfs, se plaindre, charriant le râle à ras de chair, vivant, et ratissant le corps, par le dedans, par le dehors. Relents du temps, que la mémoire pourrit, et empoisonne. Le sens gangrène, et dans le mot, et dans l'haleine. Il faut couper le souffle, et la parole. Amputer l'homme de sa voix, où le silence s'est propagé — répandu là, comme le sang sur son visage, ses lèvres tachées de mots, aux commissures, grandes coulées roussies au feu, aux fièvres.

Il bave un mot en deux, trois. Puis cent qui en font mille. Se bousculant dans les caillots, la voix caillée. Un silence comme une langue : épaisse, de poix. Collée aux joues, creuses d'ombres. La bouche : un nid-de-poule, ornière à mots, à rots. Trou de mémoire béant, béat. Méat muet, bâillant. Le mot le viole, à chaud, à froid. Pénètre l'air, entre les dents. Les mots — venus du vent, dehors, au cœur et au ventre, dedans — le blessent, passés par l'âme, la gorge, trop ronds, trop gros, cailloux de sang, raclant la gorge, râtelant l'âme — garrot du souffle. Elle cherche ses mots, cette bouche, et l'air, en eux, qui manque à la voix — rauque, à force de mordre la poussière, la cendre. Elle va aux mots qui ne lui viennent jamais, fuient. S'enfoncent dedans, à coup de sang. Et de folie. L'homme délire : hurle mot à mot le mal, en lui. Dans le murmure. Milliers de bouches, mais qui bégaient. Milliers d'yeux, mais qui louchent. Dans l'œil et sur les lèvres d'un seul, que sa solitude aveugle, rend muet. Il ne sait pas ce qu'il dit, celui qui ne sait plus que se taire : l'homme au secret. Que sa mort séquestre, retranche du monde. Enferme dans les derniers recoins de sa vie — clos. Reclus : dans les derniers retranchements du temps — oubliettes de l'être, cachot vivant.

C'est une voix maigre : « tu ne comprends pas... », qui tousse les mots, éternue l'air, dedans : « je t'aimais tant... Tu étais là : donnée. Et je t'ai prise... Enfant donnée... Je t'ai reçue : cadeau des morts. De cette mort-là : ta mère... » La voix remue : remous, remugles. Les mots s'engouffrent dans ce qu'ils disent — sable mouvant, parlant, criant : « je t'aimais tant... ». Grumeaux de voix — dans cet étranglement : le temps, l'instant. Sable mourant : « je te prenais, tu te prêtais... je t'apprenais... la vie, le vent... les champs ». Dans un hoquet : « ...les chants ». Bouquet de mots, bosquets : sur une tombe, sur un tombeau. La frondaison des voix : leur ombre sur ce qu'elles crient, murmure des feuilles. Leur chute, ensuite, dans le silence — poignée de terre : dans une fosse. Il lance : « tu les aimais... les arbres, la main des branches... tendue vers elle : cette lumière... Je sens le temps : ta mère... Le vent dans les trembles, les hêtres... On est à court de temps... À bout de souffle, de sang... Tu te souviens des arbres ?... Les monuments du vent... les statues d'herbe, d'air... et de lumière... La voix dedans : si maternelle... La tienne : ce chant... » Murmurées net, les phrases, avec l'accent des morts — qui infléchit la langue, la penche, la courbe sur ce qu'elle dit. Qu'elle soigne : dans l'ombre, abrite, oublie. Les phrases de souffles, où la mort respire avec l'homme, d'un même mouvement qui lui remue le cœur, soulevé dans la voix — hoquetante. Il fait une pause et c'est un silence de pierre — posé dans l'herbe. Le mot d'après le heurte du pied. Il roule devant, caillou muet, qui cogne le sol sourd. « Tu n'avais pas d'âge... À douze ans, tu étais la femme que tu es... Le corps du temps, de la durée... Les membres ouverts de l'éternité... L'enfance de l'âge, où tout retombe. Revenu à soi... On remonte le temps : dans ce

regard que tu as, que tu avais... On grimpe dans les arbres...
On vit. On voit... »

Hél. sait tout cela. Le passé pèse — en soi, plus fort qu'on
le supporte. Elle ne regarde pas. Ses yeux rentrent dans sa
tête, avec les images du temps, du vent. Les images qui
passent à la vitesse de l'air, des mots. Des blancs. Du silence
qui pend. Elle tourne le dos, va à la fenêtre : la Vive attend.
Qui ? Quoi ? Et jusqu'à quand ? Elle le voudrait tout de suite :
le mort, la mort. L'emporter à la mer. Hél. ouvre : l'air entre
avec une telle violence. On ne respirait plus, voilà que l'on
étouffe : de l'excès d'air, d'un coup, qui exécute, tue net.
L'oreiller d'air sur le visage. Le duvet d'air, l'étoffe de l'air,
où l'on enfonce la face. Pour y pleurer, gémir, cacher des
larmes qu'on ne peut plus retenir. Elles sont une mémoire,
qui revient d'un coup. On se souvient de tout, pleur par pleur.
De ce regard qui pèse, sur vous, de tout le poids de son désir
— plus lourd que le silence, où il se terre. C'est un corps
qu'on porte, comme celui-là, bientôt. Sur son propre corps
qui ne le supporte pas. Les yeux entrent dans sa chair, s'y
agrippent. N'en ressortent plus. De toute la nuit. Que ce
regard dure. Le matin, la nuit même ne cesse pas. Continue
dans le jour, jusqu'à la nuit suivante. Où elle recommence :
plus noire, plus dense. Une seule longue nuit, qui s'accentue.
Que ce regard unique, dedans, éclaire à lui seul : depuis
quelle noirceur ? Puis une lumière, enfin, vivante et comme
venue de loin, de l'intérieur. Une voix. Elle a une voix. Qui
échappe au regard. Perce la nuit. La rende toute : insaisis-
sable. Une invisible voix dont elle se couvre : qu'on ne la
voie plus. Jamais plus, qu'enveloppée dans cette chose : l'air
qui passe entre les dents, les lèvres, depuis la gorge, le ventre, et qu'on appelle un chant. Le chant qui bande les yeux,

ou les lui panse, à l'homme qui fuit par le regard, comme le sang d'une plaie.

Dehors, la vie reprend son fil, la Vive son cours. Hélène L. vit, marche le long des berges. Elle rencontre des arbres, qu'elle prend pour des arbres. Et des passants pour des passants. Elle se parle à elle-même, doucement, sans qu'on lui voie remuer les lèvres. Elle sait parler toute seule, sans qu'on n'en sache rien. Chanter dans sa tête, aussi — la voix sous les draps : qu'on ne la voie pas, la tête sous l'oreiller, le corps tout entier noyé dans le lit, sous les couvertures. Elle se tâte : elle existe. Le froid mord les joues, ou les embrasse — elle ne sait pas : elle sent ce corps, seulement, ni chaud ni froid. Une souffrance sourde. Un mal qui serait un bien : un soulagement, à même la douleur. Comme dans le chant. Lorsque la voix lui prend tout l'air, enlevé d'un coup — qu'elle n'en a plus pour vivre, et respirer. Lorsque le chant descend dans le corps, trop creux, si bas qu'il fait un trou. Par où la vie s'écoule — du sang sur le plancher, du sang sur scène. Elle n'est pas dans sa vie, seulement. C'est une vie trop courte, étroite. Elle est dans celle des autres, aussi, où vivre plus grandement : ce père comme une maison. Ce G., comme un théâtre. La maison n'est qu'une chambre, un lit, et presque rien dedans : une voix qui pleure et qui gémit. Le théâtre : une scène sans salle, quelques planches sur des tréteaux, une fosse, le trou d'un souffleur — un long silence qu'on regarde se prolonger, s'éterniser. Elle prend ces vies, où elle entre et sort à volonté — vivant d'elles et en mourant. Les prend et les reprend dans tous les sens : les tourne et les retourne. Elle le voit bien : sa vie à elle est à côté — une ombre, que celle des autres aura projetée. Entrée à l'hôtel, sa chambre lui paraît nue, sans horizon — le lit sans fin comme un désert. Elle y voit mieux : le temps n'est pas bouché — le ciel est

vaste : sur les lits désertés. On est à la belle étoile : mais pro-
tégé — sous la protection des cieux. Un ciel de lit : la solitude, la voie lactée à portée de vue. Couvrant le corps avec
son ombre : embrassés — confondus : comme le rêve avec la
réalité, comme fond la vie dans le souvenir. Hélène L. dans
le sommeil.

Au matin, la nuit s'éclaire. Le noir brunit, rougit, rosit. Le jour affleure, et la lumière. Pupille au fond des yeux, tirée par le regard. Jetée sur le visible : un mur de chaux, un tableau bleu, le lavabo jauni et le miroir, dessus, qui nous renvoie les murs. La vue entre dans l'œil par les craquelures, les moisissures, la peinture effacée. Et par la fenêtre — le carré bleu, que la nuit noircit, le jour repeint de gris. Hél. sort du sommeil par cette ouverture : un mur derrière un mur, où perce une lueur. Les carreaux sales des yeux qui dorment à moitié. Qu'on se met à frotter : le monde existe-t-il toujours ? C'est une âme qu'on frotte, de ses deux poings sur les paupières. Rougies, creusées. Des yeux de chair sur l'œil à nu, qui voient par tous les pores : la nuit, les morts. Hél. se réveille — sans voix, qui dort, blottie en elle. Un petit mort roulé en boule. Elle se racle la gorge : il est encore là, qui ne sort pas de son état — une torpeur, un abattement. Une langue avalée, que la gorge ne veut pas cracher. Une paupière, sur la voix, empêche la clarté d'entrer jusqu'au poumon : au ventre. Dans l'urne, où repose le son, la cendre des mots que la voix remue, cherchant une braise, dedans, l'aiguille dans la botte de foin. Puis Hél. trouve : un petit cri retenu, qui brille dans le fond d'un rêve, l'éclaire par le dessous. Elle y accroche sa voix, hameçon sonore : il vous repêche le monde, les choses. En un mot, en un silence : tout remonte. C'est une mémoire : cette veille venue au jour, revenue. Ce même monde dans l'autre monde où le matin

nous jette, rejette : au même point que la veille. La nuit passe
— sans laisser de traces. Sinon dans la voix, qu'elle efface.
Dans les yeux qu'elle ferme, qu'il faudra forcer : déverrouiller. Laissant les images y pénétrer : par effraction. Et la
lumière : casser l'œil vitreux. Dont les éclats ravivent le jour,
piquent les yeux.

Hél. commence la journée par les exercices de voix :
mots, vers, sonnets roulés entre les doigts des lèvres, qui en
tâtent la forme, la lissent. Chaque strophe massée, ligne par
ligne, dont le volume surgit — au fond de la gorge, et du
palais. De l'air, où la bouche entière, poumon compris,
expulse le son — le sens. Le poème se câbre, se cambre.
Tordu, comme la bouche. Sous les mots qui brûlent, pincent.
Hél. lit avec tout son corps. Pioche l'air. Et l'air répond —
plus fort. À coups de pied dans le vers, à coups de poing dans
le son. L'air et Hél. hurlent, hèlent le ciel, hèlent Dieu.
Cognent les anges — qu'ils tombent ! Décrochent une à une
les étoiles du ciel, et les épinglent aux mots. À la langue.
Dans la voix, que ça écorche. Le poème crache le sang, le
sens. Le sonnet souffre, frappé au cœur, au ventre. On dirait
un homme que sa gorge enflamme, dont les expirations
hantent sa bouche : à Hél. Le pal d'une fièvre qui vous écarte
les lèvres : sur un cri, des pleurs. La peur. Chaque mot
comme un couteau dans l'eau qui serait son sang, ses larmes :
*Ses desirs eventez sont semence en l'areine, Ses pensers sont
de vent evaporez en pleur...*

Il n'y a plus de place — que pour la voix. La chambre tel
un palais, contre quoi claque la langue, roule le son. Bouche
ouverte sur la rivière, le ciel rare : l'air qui manque. Un prolongement de la gorge — l'espace d'une voix sortie de sa
gangue. Abouchée au cri, Hél. inspire, expire le sang qu'il y
a dans l'air. Dont le poème fait battre la voix, pouls du

souffle. Contre les parois. Les murs. Du vide où vient cogner le sens : *Nos jours entremeslez de regret et de pleur A la fleur comparez comme la fleur fleurissent, Tombent comme la fleur, comme la fleur périssent, Autant comme du froid tourmentez de l'ardeur...* Les mots lui retombent dessus, qui rebondissent. Contre les murs. C'est se cogner la tête : sur les miroirs. Mille images l'assaillent, qui lui ressemblent toutes. Une plaie au front, qui s'ouvre et se referme. Respire avec la bouche, au rythme du poème. On baigne dans sa voix comme dans son sang, toutes veines ouvertes, les lèvres écartées. Membres nus, liés — aux quatre coins d'un lit, d'une chambre. Que le cri étire, prolonge. La chambre bat, cœur énorme — branché à sa voix, qui lui pompe le sang. Respiration artificielle des murs, vivant de mots, d'échos, qui creusent des oreilles dans le plâtre. L'écho écoute, attentivement, ce qu'il répète : le compte. C'est la tension du cœur, chiffrée. C'est la pression du sang, démesurée. Un seul être vivant : dans la pierre et dans la chair, qui sont d'un seul tenant. Liées par la voix. Elle a mal au mur, et la chambre tousse. Que l'air étouffe, aussi vicié dans le corps que dans la pièce. Et dans le poème — qui s'essouffle : *Ainsi l'esprit froissant la mortelle closture De cors appesantis, promt, leger, vif, et chaud Aspirant vers le ciel, fait que le cors déffaut Comme lourd, et grossier, dedans la sepulture.*

Il faut qu'il frappe longtemps, G., et crie son nom à travers la porte. Et qu'il la force, l'enfonce. Luttant contre le cri, le bruit. Pour qu'ils s'arrêtent, d'un coup — comme la vie. Qu'il la voie toute, étendue là : sur le plancher. Et répandue. Les bras en croix. La voix aussi. Roulée dans le drap, les yeux ouverts, la bouche ouverte : fixant un mot qui n'existe pas. Trop de souffles, en elle, que le poème emmêle : noue, boucle. Le cœur, pris au collet des veines. La tête, dans le filet des nerfs. Et l'âme ficelée, bridée. Il la prend sous la nuque, lourde. Et la soulève. Ses yeux, vides, se remplissent d'un coup : elle voit le mur, derrière, et le visage de G., si proche, trop. Il n'y a plus rien entre eux. Ou l'espace d'un souffle. Un seul, pas deux. Le sien n'existe plus : rien qu'un mot inventé, une parole éventée. Une *confle*, une *fumière*. Ils ont un seul visage, et une même bouche. Quelques instants. Puis les choses s'éloignent — le monde se sépare. L'on revient à soi, l'autre retourne à l'autre. Le temps au temps, laissant derrière : l'espace étroit, l'éternité. Le vide se crée, trop grand, tout de suite. Se creuse de plus en plus, où le regard se précipite : on voit que le monde existe. Que l'autre en fait partie. On est de ce côté-ci, où rien n'est sûr — qu'on ne peut pas toucher. Ni regarder : de face. On sent que la vie revient, mais par-derrière. Dans le dos qui souffre — le froid et la dureté de la pierre imprimés là : entre les épaules. G. y glisse son bras, ramenant sa main sur les omoplates. La vie remonte dans les os, moins durs, plus chauds. Le muscle de la voix se détend : Hél. dit des mots qu'on ne comprend pas, où le souffle passe, seulement, plus souple, moins froid. La vie commence. Mais la mort n'a pas fini. Elle reste dans les yeux, et sur les lèvres : bandeau, bâillon, qu'un faible regard, un filet de voix soulèvent — aussitôt retombé : dans l'ombre, dans le silence.

Des heures passent avant qu'elle n'ouvre la bouche. Pour respirer, geindre. Ils sont sortis dans le froid. La Vive sur Ixe, suspendue là : fleuve de boue qui lui sert de toit. On marche dessous. Et l'on se noie. Puis se repêche. Ils prennent toutes les rues qui mènent au centre et s'en retournent : toile d'arai- gnée où le cœur de la ville expire. Près de la gare, ils entrent dans un café. Bruyant. Où Hél. dit tout, dans le désordre : qu'elle n'en peut plus. Cet homme qui se meurt, cet autre qui la dénude. Et le même visage, partout, où elle se voit mourir à petit feu. Comme on se déshabille, le soir, dans une chambre seule, devant un miroir terni. Usé par le regard. Et que le lit est froid — où l'on entre avec les morts. Qu'on en finisse : cette pièce achevée, et cet homme, là-bas, achevé aussi. Que la mémoire s'arrête, qui remonte loin, trop. Au cœur, et à la tête qui n'en peuvent plus. Éclatent, l'obus, la vérité. Elle ne sait pas ce qu'elle dit : c'est sa voix qui parle. De cet homme qui dort où elle a dormi, veillée par lui. Dans la même maison. Presque la même chambre. On partage les tombes, les lits. Dans la même famille : un même sang, une même chair, rapprochent les cœurs, les corps. Tout se mêle, s'emmêle : une autre femme dort, en elle, quand son père la borde. Elle est le lit d'une morte que cet homme embrasse. L'enfant qu'elle est, encore, remue dans la femme qu'elle sera, déjà. Le corps menu et le cœur trop grand — qui bat, s'affole. L'homme la voit jusque dans ses rêves. Couve des yeux ce corps trop frêle, et qui gèle. Plus, encore, de sentir sur lui la caresse des yeux — une lame sur la peau, sortie de l'eau. Elle se retourne dans son lit, le dos lui pèse. Que le regard parcourt de bas en haut, sous les doigts et dans la paume de l'homme, qui reste là des heures. À contempler la mort. Au chevet d'une autre femme, roulée sur sa douleur. Elle ne sait plus quoi faire : fuir le regard ou se jeter dessous, embrassée toute par ce désir, en lui, qui brûle quand il vous touche. Où fond la glace du lit. On se réveille dans l'eau : la Vive dans ses draps. Tremblant de fièvre, de froid. Que ce regard revienne. Autre vague, qui noie. Elle prend la main de G., ses ongles dedans. Son corps est ici, auprès d'un autre corps. Mais ses yeux dans le lit encore, fermés sur l'homme, qui se penche sur elle — les lèvres sur ses paupières, qui sont des lèvres aussi... Le bruit augmente, autour. Et Hél. n'a plus de voix. Perdue dans ce qu'elle dit, qu'elle ne dit pas vraiment. G. n'entend rien, comprend, seulement. Puis elle lui crie : pourquoi, oui, pourquoi voulait-il la dénuder, la jeter nue sur scène avec des mots dans la bouche plus froids que la salive des morts, amère et que l'on vomit ?

Ils rentrent tard. La nuit dort, profondément, couchée de tout son long. Écrase Ixe, pénètre la Vive. On fait son chemin dans le noir : dans une forêt. La terre tourne lentement. Presque immobile. Le temps : dans un marais. Il lui ouvre la porte, allume. Hél. se jette sur le lit, qu'on n'a pas refait. On dirait qu'elle dort, déjà. Hiberne. La tête entre les bras, le corps à plat. Il lui enlève ses vêtements, elle ne s'aide pas. La robe est lourde. Qu'il passe par les reins, d'abord, puis par la tête, plus facilement, les bras levés l'un après l'autre. Puis il éteint. Le dos reste allumé, luit dans le noir. Il regarde cette lampe. Cette veilleuse. Puis remonte le drap sur les épaules, qu'elle bouge : la lumière remue. Il embrasse la nuque. Rapproche la chaise du lit, s'assoit tout près. Regarde.

Il se souvient à peine. Un effort de tout le corps, le souffle pris au fond du ventre, ranime la mémoire : le lourd poison, la mer à boire. La sensation de perdre plus que la vie, la mort aussi. Et de vider le temps par le milieu. Rongeant l'avant, l'après. Le mal, qui prend au ventre, descend aux jambes, paralysées, monte à la tête, qu'il coupe. Le mal à la tête — sans la tête, d'un coup. Rien que la douleur entre les yeux, que les yeux pleurent. Et dans la bouche, que la bouche vomit. Il n'y a plus d'yeux, bientôt, plus de bouche nulle part : le seul désir qui reste de les cracher. Le corps n'a plus de corps. L'absence de membre dans les membres : plus douloureuse que tout. Il a mangé le vide, et avalé sa vie : il doit les rendre. Et se creuser le ventre, gonflé de mort. Pour qu'elle remonte — marée du sang, intoxiqué, qui envahit le corps — le débordant. Il en a pour des jours et des jours à se vomir : régurgiter le temps, goutte à goutte, qui lui remplit les veines. Gavé, sevré. Le vide, comme un trop-plein, inoculé à vif : veinule par veinule. Une infusion de rien, qui comble. Le vide intraveineux, qui prolifère : de membre en membre — tous ses organes, bientôt, sous la torture des nerfs. Il se sentait bouger dans sa mort. Qui le retenait : au fond du corps. Ancré dans le sang, qui couvre tout, jusqu'au regard. Les yeux rougis, noircis, comme des images coagulées : la salle de bain, morgue des chambres, le lavabo qui coule, dont les gouttes, une à une, comptent à rebours le temps à vivre, à écouler, et le miroir, dessus, qu'on ouvre, y puisant à deux mains les flacons bleus, les rouges, les bocaux blancs, les sachets et les bouteilles, les lames et les ciseaux, la quincaillerie des morts, leur épicerie. On ne sait pas encore ce qui fera l'affaire : le froid des lames sur les poignets, le feu des poudres et des liquides sur le palais, dans les poumons. La mort est là, indifférente, qui sort de soi, y rentre. On se vide, ou se remplit : la fin compte seule. Le moyen pas. On peut tout prendre : la mort par soustraction, la mort par addition — le compte est bon, chaque fois : on ne calcule pas.

C'est son corps qui pense, assis sur la cuvette ? dans la baignoire ? à même le carrelage ? et qui les ouvre, un à un, les petits contenants, les petits pots de la mort : les rouges et les bleus, les verts aussi, les blancs, dont on voit briller dans sa main le contenu renversé, mille pépites et qui pétillent : des yeux de bêtes, des yeux de choses, où l'on porte ses lèvres, rentre les dents, voraces, qui se les arrachent. Mangeant des yeux les yeux des morts, les rouges, les bleus, qui rendent aveugles la nuit elle-même, ses ombres et l'ombre de ses ombres. Le monde est avalé, d'un coup — qui disparaît en vous. Le ventre plein : de ce néant — qui fait un

autre monde, inverse, de nerfs et de viscères. Rien n'existe
— que l'estomac qui le digère : la vie dans ses coulisses, le
ventre bleu du ciel que l'on rumine dans son sang. La terre
que l'on absorbe, qui enterre l'âme dans ses boyaux.
L'envers du décor, tout intérieur, qui veut s'exprimer : montrer les tripes, les abats tristes. Criant, par tout le corps, la
peur et la douleur qu'on leur fait broyer. Le monde, dans son
giron. La gestation commence, le cœur soulevé par le ventre.
Et toute la tête qui s'excrète, défèque. La bouche hèle la
bouche, qu'elle rend. Tel un dernier son, une dernière parole.
Les yeux s'arrachent les yeux dans un ultime regard : tourné
sur le regard, comme le fer dans la plaie. Le visage s'ouvre
par le milieu, laissant passer la vue, toute nue, et la voix qui
va sans langue, pur souffle — une âme en peine d'un nom,
d'un corps qui la moule, la serre dans ses bras. Visage à cœur
ouvert, à ventre éclaté.

On vous opère, à froid, le regard et la voix — disséqués :
par petits cris, par petites noirceurs, qui s'amassent en tas —
son poids de cendre. Puis on rouvre les yeux, la bouche, longtemps après, sur le regard et sur les mots qu'on vous a refaits
— nouvelle vie, nouvelle suite à ce qui est fini. Qui vous sourit. Sous l'eau, dans le noir. On se souvient de peine et de
misère des choses d'avant, quand on pouvait ouvrir les yeux
complètement, et les lèvres pour parler, sans que la mer
entière y noie le regard et tout ce qu'on dit, que l'on devrait
cacher. G. dort : il n'a pas eu le temps de s'étendre près
d'Hél. Le sommeil l'aura pris sur sa chaise, subitement.

Ils sont dans la même détresse, le même théâtre. Le jour les rejoint, leur nuit finie. La lumière sépare le soir du matin, l'homme de la femme. Tout se sépare enfin : clair et distinct. Là : la Vive et son cours puissant, que l'on voit briller — un trait de sang bleu jailli de la ville égorgée. Ici : le terrain vague, frais des récentes démolitions dont Ixe est la proie — ville éventrée que ses propres viscères recouvrent, recousues vite. La chambre là — la scène ici. Qu'Hél. arpente, scandant les vers : *Ce qui semble perir se change seulement... Mesme la froide mort qui si fort nous estonne... Scais tu ce que c'est de vivre ? autant comme passer Un chemin tortueus...*, la voix bouchée, pleine d'autres mots — qu'elle ne dit pas, garde sous la langue, au fond de la gorge, où ils bloquent le souffle.

Ils sont d'une même solitude. Séparée. Deux parties d'une seule solitude — qui se touchent à peine. Ils sont du même lit, coupé en deux. Comme deux chambres, deux maisons. Deux vies, et une seule mort, au bout, où elles se rencontrent, d'un coup. Frappées, heurtées l'une à l'autre. Le seul contre le seul, qui vont ensemble. Le corps et son reflet, dans un miroir, que le verre sépare, plus nu que le corps nu, plus seul que le corps seul. On a froid dans la glace, la lumière transie. Les lampes gèlent, la nuit — on y est pris, seul avec ses images. Blanc dans ses draps. Poudre de plâtre sur le visage des morts, des comédiens. Théâtre d'ambre, qu'éclaire la rampe des miroirs : déformants. On se mire dans cette clarté, fade, plus mate que les matins. Et l'on se voit mourir, parmi les derniers. Sans le sourire, et sans les pleurs dans le masque. La face, seulement, de l'indifférence — contre quoi l'on bute. Les miroirs sont des murs aussi. Opaques, sous leur transparence. Esseulé, on traîne sa chambre autour de soi avec un grand lit : abandonné. La nuit immense, dedans, qui augmente sans cesse. Avec l'isolement. On n'allume pas : on verrait qu'il n'y a personne. On prend son ombre par le bras, que l'on emmène face aux miroirs.

Hél. est seule sur scène. De plus en plus. Le vide prend toute la place autour d'elle. L'assiège. Il la gagnera. G. reste dans le noir. L'éclairage, sur scène, vient de ce grand œil borgne : une salle obscure. Éteinte, comme la vie dans les yeux des morts. Une lueur s'y perd, qu'aucune autre ne guide. Il le lui dit : le ton est juste, le corps aussi. Mais il faut que la voix dise le sens, vraiment, des mots que leur musique rend presque insignifiants. Allez chercher ce sens dans votre vie, où il vous manque — dénichez-le. Il se cache dans une maison, le lit d'un mort, d'une rivière. Il se montre dans un regard, un geste, un mot de trop — qui dépassent votre corps. Il faut voir ce dont ils parlent, les mots de Chassignet, comme s'ils le cachaient, gardaient la nuit autour, où se perdent les couleurs, les contours des choses que l'on murmure, hurle. Regardez-moi. Dites ce qui vous passe par la tête, et par le corps, quand vous broyez ces mots dans votre voix, les laissez fondre dans votre bouche. Dites, en chaque vers, ce qu'on ne voit pas encore, qui nous sautera aux yeux dès que la pièce sera finie. Achevée. Les mots telle une sentence. Et le jugement dernier. Qui tombe dans le silence, sous le couperet d'une voix. Son fil, d'acier : tout le brillant des armes. Soyez seule comme on est seul en scène, vraiment. Qu'on sente, en vous voyant, que c'est la fin. On nous a quittés, pour de bon. Vous êtes déjà sortie — et les coulisses sont infinies. Il faut sentir qu'à chaque mot que vous prononcez vous nous laissez seuls avec son sens — qu'on ne comprend pas. Fixez le secret de chacun, et l'on verra le vôtre. C'est avec leur secret qu'ils vous regardent, les gens, les yeux éblouis par ce que vous leur cachez, qui se montre malgré vous.

Ils répétaient chaque jour, chaque soir. Hél. tombait morte, d'un sommeil de plomb, dans le lit jamais refait. Il la veillait — jusqu'à deux heures, trois heures. Puis repartait : veiller les ombres. Les nuits sans sommeil s'accumulaient, qui feraient bientôt une seule grande veille, définitive. Il faut tant de nuits blanches pour les veiller : les morts de tous les temps, de toutes les sortes. Il s'attardait en route. Longeait la Vive : l'accompagnait. À son chevet. Jusqu'où elle meurt, loin de la ville. Mais en pensée, rien qu'en pensée. Son corps resté derrière, dans le lit frais, où Hél. dort. La nuit cesse de tomber — se lève péniblement. Se relève — relève de maladie : convalescente. Laisse voir, sous les draps, un bout de lumière : un peu de chair meurtrie. On avance doucement — avec le jour. Dans le noir qui part, à regret. Se dissipe, dilué dans le blanc où il coule goutte à goutte. Donnant le gris, partout, où la ville se noie dans la Vive, la Vive au ciel. On regarde ce gris : c'est soi, sa vie, cette ville, cervelle agrandie, cœur élargi, ses rues baignées de l'air qui coule dans les veines, ouvertes sur les places, les parcs, la Vive, taches que laisse, derrière, le sang coagulé de l'âme fuyant par le regard — qu'on se taillade. La nuit a les poignets ouverts. L'aube, rouge sang, annonce sa fin — avec éclat. On ouvre les yeux plus grand que la plaie : tout coule, indifférent, le regard et le temps, le paysage tout entier. On n'ira pas plus loin. La folie est là, à deux pas, qu'on évite, tournant le pas. Rentrer

chez soi. Fermer les yeux, vite, sur l'insomnie. Tout s'y confond, fondu au noir. Au vide. Le monde mêlé à l'âme — en
un tel mélange du ciel et de la tête, du cœur et de la terre
comme du corps aux cendres, à la poussière, qu'il faut des
heures de sommeil pour les démêler : pris dans le même
oubli. Une même mémoire : défaillante. Que le rêve éveille,
donnant aux souvenirs la force de se séparer : de se détacher
de l'immense fond gris où tout va — et tout revient au même.

Il n'y a pas de lendemain. Le même jour revient : une
seule grisaille lie le soir au matin. Grand coup de pinceau
comme un grand coup de gomme. Un ciel à la térébenthine
— hors cadre. La ville sous les solvants, sans couleur qui s'y
dilue : rien qu'une immense transparence salie, trempée dans
la Vive, son fond remué. Miroir embué : sous le respir des
noyés. Son souffle, à G., en est coupé : l'air manque, terriblement, avec la lumière retenue au loin. Ixe asphyxiée, dont le
ciel enfonce le cœur sous l'eau : la nuit encore, qui persiste
dans le jour, résiste à la clarté. Il arrive au théâtre — échoué.
Les bronches noyées, qu'il lui faut curer. Dans les cris, les
clameurs qui résonnent en lui sous chaque poème de
Chassignet : rendu, dégorgé. Un lavement de l'âme — le
corps se vidant du corps pour que les mots puissent respirer.
Dans le creux des côtes, qu'évide le râle, le souffle passé à
la râpe des os. Quand Hél. arrive, il est à bout de cris. Sa voix
est sèche : *je ne vous ai pas entendue*. Est-elle là depuis longtemps ? L'aura-t-elle vu, roulé en boule, hurler les vers ?
Comme on se vide le cœur — du sang des morts. Des morts
qu'on a connues. Que la nuit ranime, au fond de soi. Que le
jour nouveau vous jette à la figure : un plein seau de sang
tombé en trombe sur les passants.

La scène comme une plage. Regardez : des épaves — partout. Rescapées du temps, du temps gris qu'il fait sur tout.

Sur l'océan des villes. Dans ses abysses : les chambres d'hôtel. Venez : il faut sauver des vies, des vies entières coincées
entre deux vers, deux mots, d'un poème qui expulse par
toutes ses bouches le silence d'eau lourde, d'eau sale qui
l'empêche de respirer. Reprenez votre souffle, Hél., dans ces
paroles de mort qui vous consolent de vivre. Survivez : sur
cette plage déserte, parmi les morts qu'on vous a faites —
toutes ces dépouilles dont on s'entoure. Se dévêtant d'an-
ciennes peaux qui portent sous la caresse le poids immense
des cicatrices, des plaies ouvertes par où elles se défont. Le
corps déboutonné, ouvert à l'être : le souffle nu. Je vous veux
là : nageant dans le sable de votre voix, qui vous sauve du
naufrage. C'est un désert, Hél., quand on nous sort, trempés
aux os, d'un océan de noyés où nous nous sommes jetés. Tête
première à la tête des morts, comme pour leur cracher au
visage notre propre vie. C'est un désert, ce monde, après le
déluge qu'on y a créé. On fait des vagues si fortes, avec rien
que sa voix qui se débat dans son souffle, que tout le corps
s'y noie, immergé par l'âme : liquéfiée, liquidée. On rampe
dans le sable, après. On se replie : tas de sable dans le sable.
La tête tel un caillou. On fait le vide. Pour que les mots
refassent écho, frappent les parois d'une mémoire que l'attente infinie creuse, approfondit. Qu'ils redonnent sens à sa
vie, ces mots. Quand rien n'en a plus — qu'emprunté au
silence le plus tenace, le plus têtu. Insignifiant. C'est Ixe
échouée, dont on n'entend même plus le râle, couvert par la
Vive. Qui l'aidera à reprendre son souffle ? son cours ? Votre
voix, Hél., où il y a tout l'air du monde, que les mots attendent pour reprendre un sens qu'ils redonneront à cette ville.

Il lui avait parlé de ses vêtements. Que le noir, oui, lui
allait. Mais qu'il fallait que le rouge le souligne — le montre
comme noir, l'exhibe. Que le rouge montre le noir. Elle ne

portait pas ce pull, trop grand pour elle, ni ce jean trop étroit, mais le deuil déjà. Sans éclat — qui l'éclaire : l'illumine. Il avait dit : l'enlumine. Ce matin, elle a les lèvres peintes. D'un rouge qui ferait honte au noir, rougir le noir. Un deuil comme une nudité — intense. Qui montre jusqu'où la mort peut aller. Portée à même le corps, plus vive que la douleur. Dans le matin gris, ce rouge avait l'éclat d'une blessure qui ne guérit pas. Sévit. De plus belle. La trace que laisse, sur le corps, une nuit passée à embrasser son rêve le plus cher — qui vous mord. On voit les mots rougir, passés par cette bouche comme au travers des veines. Que les lèvres nouent, en une boucle pourpre. Incandescente. Imprimant l'air — sceau de sang. La mort rougeoit, éclaire la nuit où les morts s'enfoncent — ombres d'ombres qui entretiennent ce feu, vivant, bûcher des lèvres d'où les mots montent, comme en fumée.

Les yeux sont peints, aussi. Non pas le tour des yeux, mais les yeux mêmes : l'iris. Plus sombre que de coutume : plus rouge aussi. Brûlant — la cendre rallumée. De l'huile sur le feu, cette larme du fond de l'œil. Elle ne voit plus les choses de la même manière : scrute, sonde. À la loupe des yeux rougis. Par tant de nuits, longues, de sommeil profond. Plus blanches que l'insomnie. La vue brûle l'œil, dont chaque regard remue les cendres. La voix s'allume à cet âtre, tout de suite. Prend feu : *Cest Ocean battu de tempeste... Malade je couchois sur la chambre... Vous endurez souvent, hommes de peu de cœur... Nos cors aggravantez sous le pois des tombeaus...* Chaque vers débité comme on dépèce, dépiaute. Scalpel vocal. À chaque mot l'on scalpe les sons : qu'il ne reste qu'un sens — à vif. Cervelle décalottée des noms, des verbes, dont on peut voir le corps calleux du sens qui palpite encore. Poème à crâne ouvert. Sous le tranchant du souffle. Hél. n'est plus là : elle traverse sa chambre d'enfant avec une hache dans le regard et dans la voix, tachée de sang. Elle arpente la chambre d'un mourant, les yeux et les lèvres disséquant l'air devant eux comme l'on ferait à coups de pied, de poing, de dent, l'autopsie d'un vivant. Elle griffe le vent, qui siffle : gémit sous la voix. Ce sont les plaintes de l'air dans les rues désertées qu'il faut faire entendre — pour enterrer les rumeurs de la Vive. Elle le fera crier : le vent qui balaie tout, et qui se prend pour le temps, qui se prend pour la vie. Le vent qui meurt — et remue dans sa tombe dès qu'on se met à respirer, souffler un peu, entre les mots, entre les vers, pour que le silence calme cette furie : le vent soulevant une jupe sur un cadavre, enroulant la fraîcheur des corps dans leur linceul. Le vent sifflant dans le poumon des mots, qui toussent. Le vent dans l'asthme du langage que son sens essouffle. Le vent dans la pneumonie du poème dont l'air se mélange au sang.

Tous les sonnets débités d'un trait. Elle aura signé de sa voix ces poèmes qui écorchent le souffle. Estropient l'âme. G. n'écoute plus, ne regarde pas. Voit les bulles monter à la surface, quand son corps plonge dans toujours plus de silence, d'obscurité. Une mer de mots, d'où s'échappe un peu d'air, tout le reste étouffé, sous des tonnes de sel, d'eau — des tonnes de rien. Au dernier sonnet, il se retourne. La voix tombe, apaisée : *Tu trottes et discours par les lieus perilleus...* Pleure-t-elle ?... *Et te plains de chopper, tu marches et chemines Parmi les barbillons des mordantes épines...* Rit-elle ?... *Sans vouloir dechirer tes vestements drilleus...* Quelque chose la secoue — par le ventre : brasse le son dans la voix, qui sanglote : ...*Tu grimpes contremont les rochers sorcilleus Et ne veus estre las...* Un spasme, à chaque mot, roule le son dans la gorge — tombé au ventre.

Plie le corps en deux, retenant son souffle. Que la voix épuise, le poème tarit. *Ne voulant estre attaint par le flot orgueilleus...* Que l'air pompe, rempli de bruits — restés là, pendus au vide, dans leur furie. Échos qui tachent, maculent. Rumeur qui éclabousse : ... *estant tel que nous sommes, Autant homme que nous, vivant parmi les hommes...* tout son corps, soudain, concentré dans sa voix : une voix d'enfant, ou de vieillard, on ne sait pas, fluette et claire mais sombre, lourde comme un filet de sang, de bile, de quoi encore : *Pourquoy t'estonnes tu des accidents humains...* le dos tourné, dans l'ombre, que perce le regard quand on avance vers cette clarté, au bas du dos, à peine devinée... *Puisque la vie humaine est telle reconnue...* À genoux, oui, courbée légèrement, cambrée, comme la voix dans le poème montre sa courbure, le timbre sa cambrure, qui accentue le son, et jusque le silence... *Que tous les jours en jours elle se diminue...* Le jean baissé, tombé jusqu'à mi-jambe, le chandail relevé jusqu'à la taille : le derrière nu... *Et croit de jours en jours en travaux inhumains ?* Montré. Les reins comme la voix — exposés là : au pire, à l'air, au vent. Le grain du chant se mêle au grain de la peau. Le silence, brusque, dans lequel elle se laisse tomber sur le côté, les genoux pliés jusqu'aux épaules où la tête s'enfonce, cachée sous la chevelure, adoucira le chant, le râle qu'il est devenu, où l'on sent passer le souffle pur de la mort lente quand elle frappe une enfant.

L'odeur s'élève, précède la mort que l'on pressent. Elle monte à la tête avec le cœur, que ça soulève : l'arôme des cendres, l'encens des chambres, où le dormeur s'endort dans un plus grand endormissement. Un plus profond. Tombe, d'un sommeil de plomb, dans un sommeil plus lourd. Une dormition. Chapelle ardente : on brûle des cierges qui font dans le regard une dernière lueur qui s'évanouit. Avec la voix, soufflant dessus pour la dernière fois. Hél. la mouchera, cette bougie-là — qui ne l'éclaire plus. Sa flamme vacille dans les poèmes de Chassignet, la soufflerie brusque des sonnets, qui font un bruit d'enfer. Mais elle se penche, comme le mourant du côté de sa mort, couchée plus bas, plus creux. À son chevet. Se courbe encore : sur cette mort dans le mourant — qu'elle regarde de face, et dans les yeux. Elle tend les mains, paumes recourbées, vers ce visage — pour capturer une mouche, ou un oiseau ? Moucher la flamme ? La protéger. Contre les souffles, mortels, le vent de haine, le mauvais air, où l'âme prend froid, attrape la mort, la vraie.

Elle flambe à peine, l'âme, tassée sur sa mèche, recroquevillée : brandon, tison du cœur, qu'étouffe le pouls, soufflet du sang. Fumerolle, flammèche : le feu follet chancelle. Luciole qui cligne, scintille : l'œil de l'âme clignotte dans le regard — le noir le noie. Elle le prendra entre ses doigts : l'oiseau-mouche du cœur. Qui bat de l'aile. Frappé par la foudre, à pouls redoublé. Dernière flambée. Les mains en coupe sur cette inflammation de l'âme où se chauffer,

Hél. met toute son attention à l'attiser, à l'embraser : l'infime foyer. Il faut qu'elle tienne : cette lampe de l'âme au fond des yeux, sa mèche mouillée. Il faut que l'homme rallume — sa chambre plus claire, soudain, que le premier matin, plus lumineuse que la petite enfance. Qu'on y voie bien : un homme très vieux que sa fille veille. Non pas ce père, jeune, penché sur ce qui flambe dans le lit d'une enfant.

La fin approche — rampant. On la sent là : au pied du lit. C'est comme une eau qui monte, la veille des grandes crues, avant que l'air déferle : à coup de vent, de foudre. Grisou des pluies, dans tout ce gris — détrempe de la Vive : Ixe tel un buvard, mais qui vomit. Brouillard : béton de l'air — crachin de pierres que le froid scelle, cimente. Chagrin du temps. L'eau grimpe — une plante, un lierre contre les quais, les digues et les remblais, qui envahit la berge. Rien ne paraît : l'eau calme dans son lit, son cours gonflé comme le cœur, seulement, gros de peine, et de misère. Avant la grande colère, l'immense furie. Les grands débordements. L'âme levée du corps, et qui se penche sur lui : pour l'étrangler. Retombe sur son visage comme une vague pour le noyer. Laisant dans le regard deux flaques de sang : un peu de mort dont la marée, montante, s'est retirée, pour quelque temps encore.

Le mourant sait qu'elle est tout près : la vague qui l'emportera. Il la montre des yeux, à demi noyés. Elle vient de là : derrière. Du côté de la fenêtre qu'Hél. ouvre sur la rivière, grande, chassant de la chambre l'odeur de mort qui embaume vivant. Le renfermé — où l'âme se bat, débat, cogne contre le mur des membres, le cœur comptant les coups, pour s'en sortir : de cette impasse d'une vie grande comme une chambre, fermée sur une enfant, fermée sur un vieillard. Close sur soi — corps replié dans ses draps. Elle le déplie :

l'homme de cette âme, l'homme de cette chambre. L'ouvrant
par le milieu — la dernière vague, la dernière lame soulevée
contre lui, escaladant le corps jusqu'à la chambre du cœur.

Hél. va à la fenêtre souvent, revient près du lit où elle
s'assoit, quelques instants, avant qu'une autre vague la
rejette vers cette fraîcheur venue de la Vive, où le parfum des
crues se mêle aux relents de la mort qui se dégagent du lit.
Elle s'agenouille tout près. Prend sa main dans les siennes,
glaçons des doigts au creux de la paume, qui fondent —
toutes les larmes du corps, que la caresse dégèle. La mort
transpire de ces mains, sueur froide mais qui embrase. On est
gelé, brûlé — au troisième degré. On se consume par là : le
bout des doigts que le froid gagne avant la main, le bras,
l'épaule — le cœur à la surface, hors terre. Un soluté, sérum
de vérité, injecte la mort, goutte à goutte, dans les veines qui
aussitôt bleuissent, noircissent. La nuit entre par les poignets, où l'on entend le tic-tac sourd, les pas de la mort dans
les corridors du sang, du corps — au ralenti. L'écho qu'ils
font dans la voix : le chevrotement d'une lumière dans le
souffle sombre, imbibé d'eau, d'encre, de mauvais sang. Il
respire mal : respire le mal. L'air entre par les artères, direct
au cœur — qui aussitôt prend froid. Le mauvais temps
s'étend par tout le corps, de la tête aux pieds, que la douleur
enfonce dans sa neige — l'anesthésie, finale. L'éther rem-
place le sang dans les veines. Des morphines douces, comme
des poisons sans goût, se substituent à l'air dans les
poumons.

On tient la mort par le bras, l'ombre du bras — poussée
d'un corps que sa vie émonde, élague : membre par membre.
Tout se détache de lui, et le cœur bientôt : rien qu'une feuille
qui tombe. Et le regard : tombé des yeux — rien qu'une
branche qui casse. La tempête se calme dans la tempête. Le

vent s'arrête au milieu du vent. Le temps éclate au cœur du temps. L'éclair, dans le regard, montre le bruit de la mort qui gronde, tonne, que l'on entend à retardement. L'orage passe, dont on ne voit que la trace : dans la flaque des yeux, brouillés de terre. Hél. regarde cette vase dans le regard de l'homme, où il s'enlise — s'inhume vivant. Deux yeux : deux urnes, où gît le corps entier — une poussière, un grain de sable, qui enraye la vue. La fin approche, tâte l'âme, qu'il lui faut saisir, comme la vague, dans le ressac, emporte les corps et les épaves, imbibés d'eau, que les grandes marées du temps auront laissés sur les plages du monde, le lit des vivants. Hél. sent la mort, glacée, monter contre ses jambes : elle a de l'eau jusqu'à la taille quand elle se lève d'un coup, quitte la chambre, éclaboussant le lit, les draps, les membres immobiles du mourant, qui regarde l'écume éteindre les derniers feux. Plonger la pièce dans le noir. Et son propre corps : dans plus noir encore — une autre mer dans la mer noie les noyés.

Les choses se précipitent. Tout va vite. Comme on tombe. On est sur une pente, glissante. Une inclination du monde : pour sa fin — la fin du monde et le miracle, prochain, auquel on ne croit pas. Le ciel est lourd, qui pèse le poids de la Vive en crue sur la ville entière. Les rues s'affaissent : dépriment. Foncent dans leurs ornières, d'où monte l'odeur d'humus qui envahit les places, les parcs — les cimetières à ciel ouvert, que le ciel profane. Le mauvais temps déterre les morts, dont les effluves courent les rues, s'engouffrent dans les cours : remous de l'air, remugles. Jardin bêché, remué : Ixe pousse dans le ciel par la racine, engrais de pierre monté en tas dans l'air fétide.

Hél. va d'un pas qui la jette au-devant d'elle — et la piétine. Elle se ramasse puis se rejette : caillou dans la marelle.

Enfermée dans une case et puis dans l'autre, jusqu'à l'enfer, au paradis, elle ne sait plus très bien : il n'y a que la terre et la Vive, qui n'est pas très loin. L'eau monte, la terre baisse : elles se rencontrent — à mi-chemin du naufrage : dans la lente dépression de la ville, les longs débordements de la Vive. Veine cave, tranchée : à ras du cœur. Vraie crue, venue du ciel : le gris coule sur tout — inonde la rivière, qui s'échappe dans Ixe. Le ciel ne se retient plus : déborde de toutes parts. Rupture des eaux. Cruauté des eaux : voyez-les tout détruire. Le temps ne donne plus le jour — que la nuit. Rien ne sera plus mis au monde. L'eau ne reflète plus le ciel, dont la terre ne porte plus l'ombre. Que la boue, partout. Mélange d'eau et de glaise que se partagent les morts, qui renvoie l'ombre et ses reflets au ciel, immense nuage dont le gris déteint sur l'air — sans horizon : désert, déluge, unis dans le même désastre, dans la même désolation.

Il pleut des cordes : à se pendre. Et l'on s'accroche au ciel : pour avancer. Au vide que la pluie durcit : barreaux de l'air, prison glacée. Le théâtre, fermé, résiste à ses coups de paume, de pied. Hél. a beau crier : rien ne vient. Elle est là pour rien — toutes portes closes : des murs parmi les murs. Elle lance son nom : G. ! dix G. ! cent G. !, sans réponse. Le cloue au mur, à coups de cris, tirés sur lui, qui rebondissent. Il sera rentré plus tôt, aura quitté le théâtre avant la nuit. Hél. le trouvera chez lui, ou errant dans la ville. Mais par ce temps, l'hôtel est un lieu plus sûr : elle y court, la pluie barrant sa route à chaque pas qui en franchit le mur, chancelant, comme la flamme dans le vent, l'averse. Un pas qui doute : cloche. Un pas de borgne : la pluie efface les directions, qu'elle ne sait plus : la ville à gauche ? la Vive à droite ? Où est le sens ? L'hôtel se perd dans cette forêt : ses lianes, ses bambous d'eau entre lesquels on va, suspendu par le bras, par le regard, jambes d'air qui vous tirent devant, poussent le vent, ouvrent le temps — rideau d'ondées sur les ondées, Hél. prend la ville en haine, qui le lui rend : Ixe hait, abhorre, prend l'être en grippe. Cette ville tuerait. Vivre, seulement, lui fait horreur : être lui répugne. Tout la dégoûte : et cette femme qu'elle voudrait noyer. Plonger dans la Vive, à chaque nouvelle rue qu'elle prend. La repêcher à chaque tournant, pour la plonger plus creux : dans un torrent. D'où elle remonte à demi morte, ouvrant la porte de l'hôtel de ses deux poings. Ruisselante, trempée aux nerfs : les veines saillantes sur les tempes. Elle le demande, à l'hôtelier, s'il est bien là, G. ? quelle est sa chambre ? à quel étage monter ? de quel côté tourner dans le couloir obscur ? — la lumière a été coupée, plongeant la ville dans cette rivière : la nuit d'avant la nuit — et à quelle porte frapper, toutes anonymes, leur numéro noyé dans le noir, à quelle chambre cogner de toute la force de ses poings morts, jusqu'à ce que s'ouvrent les bras de l'homme du bout des rues, du bout des pluies, du bout du monde, du fond des couloirs sans fin. L'homme qui lui change le cœur, lui greffe le sien. L'homme dont le cœur est sur la main qu'il pose sur son sein : la chair du cœur. L'homme sur qui l'on tombe, au bout de tout, et de ses forces, enfin.

Rien ne le calme, l'orage. Que l'éclaircie d'une main. Le corps sur le corps recouvrant une âme qu'il tient, retient. Sous la secousse des membres, transis, tremblante. La vie à peine : une peur comme une pluie, trop forte, qui emporte le monde avec elle, arrache le ciel. Elle a couru : son corps est un hoquet. Un asthme de l'âme, qui la prend à la gorge et la secoue. Un spasme, lourd, pousse le corps dans le corps. Tous ses membres, qui s'entrechoquent, poussent dans tous les sens leurs cris de détresse. L'écartelant. Elle court encore : dans les bras de l'homme. Cherche l'air.

À rattraper son souffle. La vie s'échappe, qu'il lui faut reprendre. Poursuivre, même épuisée. Au bout de ses forces, d'où naît une force plus grande. La force d'inertie des morts, qui vous pousse, repousse dans la vie, où l'on retombe — une vie que les morts attirent toujours plus bas, dans les bassins, les vasques, dans le lit des gouffres.

Hél. hérite des fatigues du père. Léguées : une passation, un don. Les morts sont contagieuses. Elle aura partagé, quelques instants, cette solitude où il avait été, agonisant. Plus seul qu'il n'aura été vivant. Elle le prend sur elle : cet esseulement. Un deuil de chaque instant. Le froid lui retire tous les gestes du bras, des mains : immobiles le long des hanches. Dans leur convulsion — qu'aucune étreinte n'apaise. Le regard en larmes dans les yeux secs. Les mots gelés dans la voix qui flambe. Elle le criera : son désarroi, qu'elle aura voulu tirer le drap sur ce visage inerte, paupières baissées. Embrasser le front de ce fantôme. Border le regard de cet homme, comme d'une enfant qui a froid, la nuit, seule dans son lit. C'est son corps à elle qu'elle aura voilé, en lui couvrant les yeux. Une nudité à deux, qu'un même frisson parcourt.

Elle gèle. On manque de mains pour la réchauffer. Le froid frappe les doigts qui le combattent. Avec des gestes désespérés. Le voile d'une main qu'on ne voit pas, couvrant le cœur. Le drap blanc des yeux qu'on ne touche pas, remonté haut sur le visage, tout intérieur, où l'âme revient à elle, dans la chaleur. L'âme ? la peau retournée. Par cette caresse. Le temps que la mort renverse : sa vie devant, plus vaste que l'éternité. Le cœur du temps battant dans le corps que son passé arrête — avec le sang. Paraplégie : cette mémoire comme une glace qui prend. Une empoignade, un embrassement de tous les membres par les organes les plus secrets.

Les veines se serrent, tirent les nerfs, broient les muscles, avec des cancers qui mordent dans la chair comme le froid mord. Le corps cloue l'âme. Une caresse, doucement, la décroche de sa croix. La robe tombe, qui montre la nudité — à froid. Qu'un seul regard, au bout des doigts, réchauffe — un ravissement du cœur, où le sang flue, reflue. La vie revient, reprend le dessus. Mais pour un temps seulement, qu'on ne compte plus.

Les chambres se mêlent. Celle de G., où Hél. repose : convalescente. Dans l'accalmie, l'âme en boule autour du cœur, le corps en chien de fusil — il aura fait feu, ramené la paix — une embellie de l'âme dans les plus grandes intempéries : le temps frappé par le temps, la foudre foudroyée. Et l'autre chambre, du père : apaisée, assoupie. Cardiogramme plat, cœur clos, le temps en ligne, en pointillé, sans crête ni creux, le sang qui bouge dans les membres, sinueux, la haute silhouette du temps, la respiration des os, le souffle dans les muscles, tout ce que l'âme insuffle, mais l'embolie, le choc du cœur contre le cœur, battant sa coulpe dans le pouls. Un passage lie, dans sa tête à Hél., les deux chambres d'homme que la vie et la mort séparent, la Vive isole, chacune sur sa rive. Elles se font face, comme le temps au temps, dans le matin, entre le jour qui vient, la nuit qui va, tout son passé en attente d'un avenir qui ne lui appartient pas.

Elle s'est levée d'un coup. Le glas, en elle, retentissant. G. dort, à côté, perclus de sommeil : tant de nuits blanches à rattraper. Elle est déjà dehors : longe la Vive, franchit le pont, suit la rivière encore, ouvre le portail, monte deux à deux les marches de l'escalier, ouvre la porte qu'elle n'aura pas fermée. Qui vole les morts ? Qui les tuerait ? Grimpe jusqu'au premier, traverse le corridor, s'arrête : il n'est pas mort, non, l'âme seulement s'est arrêtée, pour prendre du repos, reprendre son souffle, revenir plus forte dans le corps, qui respire l'air du matin, l'embrun de la Vive par la fenêtre entrouverte. Son pas hésite devant la chambre. On entend un cœur qui bat, mais c'est le sien — qui frappe à la porte. Poussée doucement. Comme on fait d'un corps qui dort à ses côtés, dans le lit trop étroit.

Elle laisse la porte derrière, dans l'ombre. Elle n'en a plus que pour le lit : dans la lumière du jour. Pour cet homme qui vit — dans l'impossibilité où elle est de savoir si son cœur bat, si ses yeux voient. Trop d'éclat, trop de bruit dans les pas qu'elle fait vers lui l'empêchent de voir : elle imagine, elle croit. Ne peut que penser. Elle marche sur la pointe des pieds, le plancher crie. La pièce à sec, toute l'eau de la mort retirée net — marée basse des chambres que la nuit quitte, avec la peur. Elle ne peut voir : imaginer seulement, et penser fort. Envisager l'homme vivant, qui se retourne sur elle : elle s'excuse du bruit qu'elle fait et qui l'éveille, si brusquement. Elle le croyait levé, voulait lui dire bonjour : ouvrir sa fenêtre, rafraîchir l'air. Mais la pièce est un bloc de glace : du vent figé, dont l'air paraît soulevé, de l'intérieur. Le plancher craque — chaque pas risque d'être emporté, dans la débâcle. Le courant mène jusqu'à cet homme : en rade. Au fond d'une vasque. On se penche sur cette eau : y boit un peu, les mains plongées en elle, froides, qui en ressortent brûlantes, rougies, comme si elles avaient pris feu.

La bouche ouverte, trop, et les yeux clos — cloués. Pas un souffle ne passe dans l'homme. Le corps ressemble au lit, au drap : une pauvre chose morte, inanimée. On le soulève un peu : pour voir si l'âme survit, dedans, qui ferait un pli, un creux. Un grand bruit blanc, seulement, dans le grincement du lit. On tire sur la paupière : l'œil absent, renversé dans la tête, montre le blanc — rien que du blanc : l'oubli. Il regarde dans sa tête, l'homme, un souvenir de glace. Une mémoire blanchie, prématurément. La bouche, dans la face, est un œil mourant : plus grand, ouvert sur plus de silence — des paroles gelées, du givre sur les lèvres. Autisme des défunts. Aux commissures : la bave qui est du sang. On cherche en vain, dans ce visage, quelque frisson, quelque soupir qui laisse penser qu'on n'est pas là pour rien : quelqu'un voit, entend, qui s'obstine à ne pas voir, à ne pas entendre. Qui fait le mort. Comme on fait le vivant. Elle lui murmure à l'oreille deux mots, qu'on ne comprend pas. Deux mots de passe, qui ouvrent l'âme à grands battants, contre quoi l'on cogne du poing des yeux, avec la paume d'une bouche qui crie, le nom serré dedans tel un caillou, sur quoi l'on se casse les dents.

Toucher ses mains ne l'éveille pas. Ses membres le paralysent : fauteuil roulant d'un corps qui ne bouge plus. Rouillé par le temps. L'air du temps froidi trop vite, gelant les rouages. Ses articulations : quatre poignées à son cercueil — ses bras, ses jambes, par où les morts le prennent, l'emmènent. Elle met la tête sur sa poitrine. Elle ne sait pas pourquoi : écouter le cœur d'une enfant qui bat, enfouir sa face dans l'oreiller, ausculter l'ombre d'un fantôme. Sonder les cœurs : le sien, celui du père, celui de G. — et les entendre geindre, dans un buste vide. Sa tête lui pèse, posée sur ce coffre : un cœur rempli de bruits qu'elle ne comprend pas, mêlés aux paroles qui lui traversent l'esprit, qui parlent toutes du silence de force enfoui dans le thorax des morts.

Petite, elle se couchait près de la Vive, oreille contre terre, pour entendre le bruit des courants de fond frapper les rives, bourdonner des heures dans l'épaisseur du sable, de la boue, des pierres et des cailloux, empilés comme des vagues durcies par le temps. Elle auscultait la terre. Prenait le pouls de cette matière, où elle sentait que tous les morts du monde, ses sœurs, ses frères jamais nés, et sa mère jeune qu'elle imagine noyée, respirent ensemble par d'autres bronches qu'humaines : par cet organe secret qu'on entend geindre dans le sein des choses, qui poussent leurs cris comme les racines montent du plus profond de la terre, plus fort que le cours des fleuves, les branches des arbres, les veines qui attachent l'âme au corps, serré, pour que la vie tienne malgré le vent, le temps, les grandes marées. Hél. s'assoupit sur cette poitrine — plus silencieuse que la terre froide, l'hiver. Quand rien ne bruit, ne craque, qu'un peu de glace à la surface. Puis se réveille dans le souvenir d'un rêve : une enfant pleure, abandonnée sur la rive. La rivière coule, qu'on suit du regard lentement, quittant cette ombre qui reste sur la berge.

Les funérailles n'auront pas lieu : ces grands traits noirs qui soulignent la mort avec des cendres et des encens. Pansent les plaies avec des onguents, brûlants comme des lampions. Une mort profane, celle du père, qui ne veut pas d'un temple — mais le grand air, le vent qui siffle sur la Vive. Les arbres mêlés au temps, où ils vieillissent avec les morts, dessous, qui les nourrissent. Le large du temps, plutôt que les lieux clos. Pas de toit sur eux, les morts, itinérants du temps — l'âme sans abri, qui erre dans le grand âge. Rien qu'un ciel tendu. Auvent de l'air. Les lieux saints suintent le sang, corps jamais vidés : outres de larmes, nefs en pleurs. L'âme y est saignée. Le chrême dans le crêpe, dégoulinant. On meurt deux fois : sur ces autels. On reste sur sa mort infiniment — couché dessus, dedans. Cloué sur place : dans son linceul, le corps roulé dans le corps. Morgue de l'âme : crématoire du souffle, parti en fumée, parti en prière. Vaines consolations : le ciel et les enfers, les anges furieux, graves, de la tristesse et de l'affliction.

Pas d'ange pour ce père. Pas de dieu même. Une mort sans ciel : le terre-à-terre de la mort qui dure — éternellement. Poussière dans la rivière — un néant ferme, de chaque instant. Le corps et sa misère : rien que du vent. Son sang versé est sa seule onction : extrême. Pas d'homélie : la force du poème, seulement, qui exprime l'air devenu rare dans le poumon des morts. Le moindre mot, le moindre vers : relique, reliefs de l'âme, la châsse des sons, l'ossuaire. Elle les lira, les quatre cent trente-quatre sonnets de Chassignet, grandes orgues du cœur serré dans la gorge, qui râle. C'est ce qu'Hél. voulait : une tombe de mots sur scène. La trombe des vers. Elle récitera sa vie, sa mort : leur défilé dans la voix, atone. Que le théâtre résonne : un glas qui soit le temps, sonne la fin, les commencements. Vivant comme le cœur qui va, qui vient — pendule du sang. La voix dans les veines ouvertes, cousues à celles du mort, qu'elles ressuscitent... *Ô merveilleus effet : celle qui tout consomme, L'inévitable mort, donne sa vie à l'homme Et la mesme douleur fait mourir ses douleurs...* Lu vite, le mot aussi précis qu'une lame. Le silence haché, dont les morceaux tombent sur le mort, poignée de terre qui ensevelit le cœur — bulbe de sang : qu'il repousse plante, arbre, fleur ! Chaque vers tel un bandeau, bâillon sur l'œil : qu'il ne voie pas sa mort derrière les pleurs versés sur lui. Qu'il ne fixe plus ce corps d'une petite fille encore dans cette femme réduite au son de sa voix, meurtrie. Qu'il ferme les yeux qu'il a posés sur ce corps comme une main trop large sur les yeux d'une enfant. On sort des limbes où errent à vie les regards que l'on fuit. La voix chevrote, frémit : les genoux plient. Elle finit de les crier par terre, les vers de Chassignet — fléchissant le cœur, dans les jambes qui ne tiennent plus. Ne portent plus le corps — fardeau de trop.

La voix hésite : cherche un sens aux mots, leur air aux phrases, où glisse chaque vers jusqu'à la tombe.

Elle finira couchée, face contre terre, le pouls du temps battant dans les planches, au rythme de quoi sa voix de plus en plus faible, venue de plus bas que tout, du ventre du monde, déclame chaque vers : ... *Qu'est ce de vostre vie ? une bouteille molle Qui s'enfle dessus l'eau, quant le ciel fait plouvoir...* C'est un feulement : le vent mord les arbres, l'eau avalée par l'eau — crépitement de larmes sur un tombeau de verre... *Et se perd aussi tôt comme elle se fait voir, S'entre-brisant à l'heurt d'une moindre bricole : Qu'est ce de vostre vie ? un mensonge frivole...* Un hululement : l'oiseau de nuit de la voix fait du silence sa proie. Il tient dans son bec les yeux arrachés aux morts. Dans ses ergots : l'âme coupée de la main qui pend au-dessus des corps, suspendue telle une caresse qu'on ne finit pas... *Qui sous ombre du vray nous vient à decevoir, Un songe qui n'a plus ny force, ny pouvoir Lors que l'œil au resveil sa paupière decole : Qu'est-ce de vostre vie ?...* Un hurlement : le loup, dans l'homme, déchirant l'homme, une âme entre les dents. La voix qui pend de la gueule en sang. Chaque membre : déchiqueté. C'est la curée. On se rue : le mal contre le mal, le malheur dans le malheur... *Qu'est-ce de vostre vie ? un tourbillon roüant De fumière à flos gris, parmi l'air se joüant, Qui passe plus soudain que la foudre meurdriere...* La suite est inaudible, jusqu'à ces mots — cette bile : ... *un point, qui n'est rien Q'une confle, un mensonge, un songe, une fumiere.*

L'air libre, la franche lumière, la ramène à elle : Hélène L. C'est G. qui la relève — et J., venu exprès pour les obsèques, qui la saisit par l'autre bras. Le chemin qu'on prend, depuis le centre d'Ixe jusqu'aux berges de la Vive, est une tranchée : un retranchement du monde — le cercueil y creuse son sillon : on y sème la mort. Le crématoire n'est pas loin, sur la rive. Le rituel est bref : le convoyeur emporte le mort dans son lit de planches, jusqu'à la porte qui s'ouvre grand : le feu rugit. Cette lumière crache le sang : le bleu des veines dedans tisse un ciel strié d'éclairs, les cicatrices du temps léchées par le feu. On se couvre les yeux, que les larmes mêlées aux flammes aveuglent. Un homme en noir pose entre ses mains, à Hél., l'urne légère : son poids de cendres. Il lui échappe, presque. Déséquilibre son corps. Un vertige du ventre — qui lui monte à la tête : c'est un gouffre qu'on met entre ses mains. L'abîme, qu'elles étreignent. On sort dans ce gouffre — le ciel d'Ixe : cendreux. On est avec les morts : dans leur amphore. On se jette dans l'air, au gré du vent. On s'y laisse aller : de la poussière dans la poussière — une confle, une fumière. Ils longent la rivière, berge d'hommes sur la berge de terre. Devant la maison des L., le cortège s'arrête. J. reste derrière, G. avance de quelques pas vers la Vive. La tient par le bras : la femme à l'urne. La femme immobile, qui repart toute seule, jusqu'à la rive. Met un pied dans l'eau, puis l'autre, s'avance jusqu'à la taille dans le froid dur, ouvre le vase où elle glisse la main. Répand les restes dans le courant violent, à quoi tout son corps résiste. Replonge la main dans le sang : la cendre, le corps en poudre de feu, qu'elle jette au ciel, embrun de chair, brouillard d'os. Lève sur sa tête l'urne renversée : quelques poussières se mêlent au temps, aux eaux, au vent qui passe dans ses cheveux. Lance le vase au loin : bouteille à la Vive, que l'on voit flotter, quelques instants, éternité à la dérive. Un homme à la mort, que le ciel repêche.

Le ciel passe, casse, éclaboussant le temps. L'aube pleut, lumière aqueuse. Un soleil faible, que la nuit épuise, coule dans la Vive plus vite qu'il en émerge, ses rayons noués à leurs reflets. Feu d'eau, qu'un peu de vent propage, allumant l'heure dans le ciel pâle : blafarde. Le jour flambe et se noie, dans le même moment. L'aube baigne : l'air ruisselle — rosée du temps, qui embrase le froid, la plus petite lueur consumée vive. Le jour se lève à demi mort : de cet orient. D'où vient le temps — l'imperceptible geste qui fait rouler la terre vers l'ouest, où la nuit règne. Une main la pousse : hors de sa couche, d'où elle tombe, tournant sur elle-même dans les ornières, le lit souillé des fleuves et le grabat des gouffres.

Le jour se lève puis se recouche : replie l'aube sur lui comme un drap. Refuse de s'éveiller : il aime dormir avec la nuit — jusqu'à midi passé. Rien n'éclaire, qu'une lumière depuis des siècles révolue. C'est le déclin du jour dès le matin : une invisible pente où le soleil glisse vers le soir, dès son lever. Il bat de l'aile, phalène en feu. Il s'est frotté aux rêves et se consume : papillon de nuits blanches, brûlant comme le temps dans le temps.

Le jour se replie. L'heure en retrait de l'heure. Sur le front de la nuit, qui avance vers le jour : une retraite complète de la lumière, dans le plus grand désordre. Le recul du jour devant le jour qui vient, revient. Un repliement : derrière les lignes de la nuit la plus sombre. Sous les couvre-feu. Les vivants naissent et meurent dans la même position : repliés.

Comme Hél. dort — blottie. Attend. Que les choses se déroulent. Que le temps se déplie, mette un pied hors du lit puis fasse quelque pas dans la nuit, la persistance de la nuit. Elle sait ce qu'il reste à faire : plier bagage. Plier devant la vie, qui passe sur soi avec la force du vent. Ne pas l'appeler : G. — laisser un mot à l'hôtelier, qui le lui donne : *La pièce est jouée. Tout est joué. Stop.* Partir, par le prochain train. Sortir dans le jour cru, qui prend au cœur. Traîner sa valise de chair et d'os, poids mort que l'on ramène en vie. Franchir la Vive une dernière fois, la peur au cou, nouée, pierre lourde que l'on jette au gouffre. Traverser la ville par le centre, le théâtre clos — cœur immobile, toutes veines coupées. Écrire sur la porte, avec ses ongles, le mot *Fermé* — qui clame le silence. Reprendre sa malle, son corps, son souffle replié dans cette boîte que l'on charrie — vers quel charnier ? Où déposer le poids de sa vie entière. Comme à la consigne — dont on perd la clé. Avalée. Jetée au vide.

La gare est là : nécropole vivante. On va et vient dans tous les sens — ombres sorties des urnes où l'on passe la nuit. Qui dans les salles d'attente. Qui dans les bars et les cafés. Qui dans les coins obscurs où s'allonger, le temps qu'un train vous prenne, ramasse, dans un coup de vent : poussière et cendre. Hél. attend : les yeux pendus à l'heure. L'horloge bat seule, à la place du cœur : vivre goutte à goutte, instant par instant. Le rien s'ajoute au rien avec une telle facilité qu'on s'y laisse aller, l'épousant de tout son corps : la pente du temps. Elle vous incline la tête sur l'épaule des morts, qui vous accompagnent partout. Le sifflement du train n'éveille que le corps, qui se lève, somnambule, tiré par une valise. Vous êtes porté, et emporté. Le bras libre ouvre une portière, plus lourde qu'un couvercle. Hél. s'y engouffre : des cercles se referment. Comme autour des noyés. Mais elle respire —

reprend son souffle. Quelques minutes et le train démarre. En sens inverse : rebrousse l'air. Reflux du temps. On regarde fuir Ixe — plus vite que la Vive sous le pont franchi. D'un trait, qui la raie. La fenêtre n'oublie rien, qu'elle efface en vain : quelques maisons au loin, et l'hôtel de G., où son corps repose, après une nuit passée à tourner sur lui-même dans un lit debout, droit comme une ombre, et cette haute demeure où plus personne ne dort, pas même de son dernier sommeil. La Vive emporte tout, tire les corps, les âmes, par les pieds, les bras — poupées de cire à qui l'on ôte la robe et met une pierre au cou.

On s'habitue aux morts. On finit par les vivre : une par une. Moments sans cause ni fin, sans suite : elles se super-posent. Couches de malheur, l'une sur l'autre, qui peu à peu vous couvrent. Vous protègent d'autres morts, à venir. Il le sait : elle devait partir. Elle le quitte, comme on se fuit. Le théâtre vide, que le mot *Fermé*, sur la porte, évide encore : zone évacuée, zone sinistrée. Il n'ose pas entrer : marcher sur scène dans l'absence de voix. Cassée : la planche de salut qu'on lance sur le silence pour traverser les gouffres. Il la revoit : porter à bout de bras les mots de Chassignet. Il lui disait : poussez les mots à bout, jusqu'à leur reddition. Devant la mort — qui frappe. Frappe tout. Le poète heurté. Blessé par leurs attaques, aux vers. L'accès subit, brusque. Fouetté par le souffle, battu qu'il est : aux os, à l'âme. Le repentant de vivre. Le flagellant, que sa voix cingle, et sa parole fustige. Le poème est chant contrit. La voix surgie, s'élevant dans l'air où elle doit tomber, toucher le sol, ram-per. Se traîner en silence dans la poussière. Dans la fureur aveugle d'une parole que l'on s'arrache, vêtement sur le cœur, hardes en sang. On n'a que sa peine pour se sauver. Ascète du chant — privé de sens, de vie. Une herbe drue pousse dans la voix, brûlée par la lumière. Une eau amère monte du puits des yeux, qu'assèche la soif. Tout l'air est absorbé : dans l'étouffement des mots. Une touffeur : le silence des pleurs, que la brûlure tarit. Rien que larmes sur larmes au fond des vers : marc du sens, lie des mots qui n'ont plus rien à dire. Voix basse, qui accompagne toute voix — bourdon des morts. Basse continue, grave, des âmes qui pèsent le poids de leur peine. Couches de poussière accumulées dans le poème, qu'aucun souffle ne soulève : larmes séchées, alourdissant le cœur, rose des sable dans le sable sans fleur. La voix succombe à l'attraction terrestre : cette attirance pour le plus bas. Où reposer.

On est cet homme, écrasé par sa prière. Retombée sur lui des mains ouvertes d'un dieu qui ne retient plus rien. Sur ses épaules : le poids du ciel vidé, plus lourd que le ciel comble. On se laisse aller à ce penchant pour l'ombre. Le chant : l'épaule prêtée aux mots — qu'ils y fondent en larmes. Se consolent du peu de sens que notre vie leur prête. Une douleur, dans la chair, comble sa vacuité. Battue de l'âme, dont tous ses membres souffrent. La voix fouille le corps et ses plaies, pour en débusquer le mystère, le vrai : le sang caché dont l'éclat ne brille qu'à la lumière des mots.

La gare est vaste, pour une ville que l'on déserte. Il se perd dans son pas, mêlé au vide où il s'accroche. Soûl de chercher. Ses yeux fixent le vide où ils tournent en rond. La gare est infinie : du temps plus grand que l'espace. Éternité sur rails : deux bras mobiles qui vous emportent avec la force des morts, le bout du monde draguant le monde, raclant le fond du temps, d'où les lieux s'arrachent — les théâtres et les maisons, les gares et les hôtels, les rivières avec lesquelles les villes s'ouvrent le ventre. On est seul dans la foule : une masse de solitude, sans poids, sous laquelle les lieux paraissent déserts. Des gens sortent de terre. D'autres, enfouis jusqu'à mi-jambes, tentent de s'extirper. La main tirée par la valise, ils s'exhument de leurs pas. La boue de leurs souliers les enfonce plus bas. Personne ne sait où aller : on est revenu de tout. Tout le monde attend : le dernier train ? qui ramène chez soi ? qui emporte au loin ? On ne distingue personne de son ombre, ni les revenants des survivants, ni Hélène L. de chaque passant. Un va-et-vient d'apparitions, disparitions. Les voyageurs se ressemblent : une même valise les pousse sur d'invisibles rails, dans un seul et même sens. Vertige : devant les gouffres que les trains ouvrent, trouant le temps — un projectile : à bout portant dans la durée, dont on ne voit pas la cible.

Il sent la gare dans ses bras, ses jambes, au creux du ventre : fosse vive, où croît le vide laissé derrière par tout voyageur qui part. Il sent les trains dans sa tête lui traverser l'esprit : le bruit des espoirs brisés. La salle d'attente l'immobilise : l'attache par le cœur, la tête, les bras en croix sur ce qui vient. Il ne sait quand, ni d'où. Elle n'a pas laissé d'adresse. Elle n'a rien laissé : qu'un vide — où attendre en vain. Un train, pour rien. Soûl d'attente, hallucinant le temps. L'horloge n'a rien gardé de son regard : les aiguilles n'ont pas cessé de tourner. Le temps s'allonge sur le banc : dort. L'œil ouvert, grand, et toute la tête ouverte sur cette pensée : les morts qu'on a connus, les disparus, partis en douce, bien avant l'heure. Les absences prolongées.

Il squatte la gare : ses bars, ses quais, ses salles d'attente, et ses recoins les plus obscurs. Il n'a pas cessé, dormant, marchant, de faire le guet : veiller les morts. Une existence à l'affût : d'un regard qu'on lui jette, d'un nom qu'on lui lance, d'une main qu'on lui tende. Il imagine une gare triant les vies, qui lance la sienne sur celle qu'Hélène mène, loin de lui. D'où l'aiguilleur la ramène, fonçant sur ça : une vie d'attente, d'oubli. Avec la force de l'inertie. Du délaissement : universelle. L'humanité abandonnée, dans une gare où aucun train n'arrête. Réduite à cet espace : une salle d'attente sans fin — du temps réel, concret : un banc de bois devant l'horloge dont le tic-tac enterre le fracas des départs, des arrivées, imaginaires. C'est soi qu'on laisse à la consigne. Personne ne vient nous rechercher. On est à quai : au bord d'un voyage qui se fait sans nous. En bout de rail : wagon de queue, sans locomotive qui nous emporte vers les fleuves, les monts et les merveilles, les mers, les mondes et Hélène L., là-bas, qui habite le temps, tout horizon bouché.

Il se lève lentement. N'éveille pas le banc qui dort depuis des siècles sous l'attente des voyageurs. Train de nuit remisé là : à la ferraille. On le voit sortir : son pas traîne, prend sur la gauche vers le centre d'Ixe, le théâtre, la Vive, l'hôtel et la maison des L. On n'est pas sûr de la direction que prend, dans la vie d'un homme, le désespoir. La vie tourne en rond dans sa tête, qu'elle serre. Les rues portent son corps, dans le cortège des foules — qu'une immense solitude disperse. Il suit des traces, fraîches — un sillon sourd qui la crevasse : la ville atteinte, veine ouverte sur la Vive. La maison d'Hél. : une autre gare, abandonnée. Le lierre l'étouffe, la pierre usée. La porte n'a pas tenu, qu'il enfonce du pied. L'escalier tremble. Tant de choses à remettre en place : la façade à ravaler, la toiture à réparer. La chambre rose a le plafond qui coule : il s'installe dans l'autre pièce, la grise. Le lit grince, qui laisse entendre, la nuit, qu'on est encore vivant. On ne voit rien, on n'attend personne dans cette noirceur, la vie gommée. Le mouvement du corps seul réveille la solitude, qui fait bouger quelques ressorts. On existe dans ce bruit — sa vie prouvée. Hors de tout doute.

Il y a de drôles de sons dans la maison des L. : le père est mort, la fille partie, la porte condamnée... Des spectres, je vous dis. On dirait du vent dans les volets, avec des craquements, dedans, comme de branches mortes que l'on casse du genou. Il faudra bien, une nuit, aller voir ce qui s'y passe — dans le noir, on entend tout. Il faudra bien, cette ruine, qu'on la détruise un jour : qu'on y mette le feu.

Dans la même collection :

La complainte d'Alexis-le-trotteur de Pierre Yergeau
L'homme à qui il poussait des bouches de Jean-Jacques Pelletier
Les étranges et édifiantes aventures d'un oniromane de Louis Hamelin
Septembre en mire de Yves Hughes
Suspension de Jean Pelchat

ACHEVÉ D'IMPRIMER
EN FÉVRIER 1995
À L'IMPRIMERIE D'ÉDITION MARQUIS
MONTMAGNY, CANADA